CADERNO DE REVISÃO

ENSINO MÉDIO
MATEMÁTICA

Adilson Longen

Licenciado em Matemática, doutor e mestre em Educação Matemática pela Universidade Federal do Paraná. Autor de livros didáticos de Matemática do Ensino Fundamental e do Ensino Médio. Foi professor universitário e atualmente é professor de Matemática em escolas da rede particular.

1ª edição
São Paulo – 2016

© Editora do Brasil S.A., 2016
Todos os direitos reservados

Direção geral: Vicente Tortamano Avanso
Direção adjunta: Maria Lúcia Kerr Cavalcante Queiroz

Direção editorial: Cibele Mendes Curto Santos
Gerência editorial: Felipe Ramos Poletti
Supervisão editorial: Erika Caldin
Supervisão de arte, editoração e produção digital: Adelaide Carolina Cerutti
Supervisão de direitos autorais: Marilisa Bertolone Mendes
Supervisão de controle de processos editoriais: Marta Dias Portero
Supervisão de revisão: Dora Helena Feres
Consultoria de iconografia: Tempo Composto Col. de Dados Ltda.
Licenciamentos de textos: Cinthya Utiyama, Paula Harue e Renata Garbellini
Coordenação de produção CPE: Leila P. Jungstedt

Concepção, desenvolvimento e produção: Triolet Editorial e Mídias Digitais
Diretora executiva: Angélica Pizzutto Pozzani
Diretor de operações e produção: João Gameiro
Gerente editorial: Denise Pizzutto
Editor de texto: Carmen Lucia Ferrari
Assistente editorial: Tatiana Pedroso
Preparação e revisão: Amanda Andrade, Carol Gama, Érika Finati, Flávia Venezio, Flávio Frasqueti, Gabriela Damico, Juliana Simões, Leandra Trindade, Mayra Terin, Patrícia Rocco, Regina Elisabete Barbosa, Sirlei Pinochia
Projeto gráfico: Triolet Editorial/Arte
Editor de arte: Wilson Santos
Assistentes de arte: Beatriz Landiosi (estag.), Lucas Boniceli (estag.)
Ilustradores: Bentinho, Dawidson França, Suryara Bernardi
Iconografia: Pamela Rosa (coord.), Clarice França, Erika Freitas, Vanessa Volk
Capa: Paula Belluomini

Dados Internacionais de Catalogação na Publicação (CIP)
(Câmara Brasileira do Livro, SP, Brasil)

Longen, Adilson
 Caderno de revisão, 3º ano : matemática padrões e relações : ensino médio / Adilson Longen. – 1. ed. – São Paulo : Editora do Brasil, 2016. – (Série Brasil : ensino médio)

 Componente curricular: Matemática
 ISBN 978-85-10-06439-2 (aluno)
 ISBN 978-85-10-06440-8 (professor)

 1. Matemática (Ensino médio) I. Título.
 II. Série.

16-05849   CDD-510.7

Índice para catálogo sistemático:
1. Matemática : Ensino médio 510.7

Reprodução proibida. Art. 184 do Código Penal e Lei n. 9.610 de 19 de fevereiro de 1998.
Todos os direitos reservados

2016
Impresso no Brasil

1ª edição / 1ª impressão, 2016

Rua Conselheiro Nébias, 887 – São Paulo/SP – CEP 01203-001
Fone: (11) 3226-0211 – Fax: (11) 3222-5583
www.editoradobrasil.com.br

APRESENTAÇÃO

Uma coleção de livros destinados à formação de conhecimentos matemáticos exige de todos os envolvidos certo grau de comprometimento. Ao autor, fica a tarefa de transmissão de conteúdos elencados normalmente para o grau de ensino a que se destina, procurando dar um encaminhamento claro, objetivo e didático. Seu papel também compreende a busca de procedimentos que possibilitem um desenvolvimento adequado das aulas a serem ministradas, tendo o cuidado de levar em conta dois outros personagens extremamente importantes para que o processo de ensino e aprendizagem ocorra: professor e aluno.

Quanto à Matemática que o aguarda nas próximas páginas, não posso dizer que será um caminho com um acesso imediato e veloz. Antes, prefiro acreditar que é uma trajetória lenta, mas necessária, rica de saberes construídos ao longo de nossa evolução e carregada de dúvidas necessárias, de etapas a serem ultrapassadas. Não pense na Matemática como uma ciência exata, pois antes das certezas, estudamos nela os acasos; antes de termos as medidas precisas, temos as aproximações, que são muito mais reais.

A proposta de nossa coleção de Matemática para o Ensino Médio contempla diversos aspectos importantes que devem ser levandos em conta. Entre eles destacamos a necessidade de ter na matemática um conhecimento historicamente construído, que permite desenvolver habilidades de pensamento importantes na formação do cidadão. Outro aspecto considerado também fundamental e que aqui procurou ser levando em conta, é o de permitir um trabalho voltado à autonomia, pois é desejável cada vez mais pessoas que busquem e construam conhecimentos.

Um bom trabalho!

O Autor

Sumário

NÚMEROS E CONJUNTOS

Números reais 08

Noções básicas de conjunto 09

Operações entre conjuntos união 09

   EXERCÍCIOS 11

TÓPICOS DE GEOMETRIA PLANA

Figuras geométricas planas: propriedades 17

Semelhança de polígonos 18

Áreas de figuras geométricas planas 19

   EXERCÍCIOS 21

FUNÇÕES

Relação de dependência entre grandezas 29

Introdução à geometria analítica 29

Função afim 31

Função quadrática 31

   EXERCÍCIOS 33

TRIGONOMETRIA NO TRIÂNGULO

Trigonometria no triângulo retângulo 40

Trigonometria no triângulo qualquer 40

   EXERCÍCIOS 41

FUNÇÕES EXPONENCIAIS

Potenciação nos reais 50

Função exponencial 50

Logaritmos 52

Função logarítmica 53

   EXERCÍCIOS 54

SEQUÊNCIAS NUMÉRICAS

Sequências 59

Progressão aritmética 59

Progressão geométrica 60

   EXERCÍCIOS 61

MATEMÁTICA FINANCEIRA

Proporção e porcentagem 69

Juros simples 70

Juros compostos 70

   EXERCÍCIOS 71

TRIGONOMETRIA

Trigonometria na circunferência 76

Relações trigonométricas 79

Transformações trigonométricas 79

   EXERCÍCIOS 80

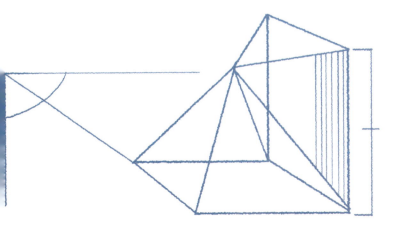

MATRIZES, DETERMINANTES E SISTEMAS LINEARES

Matrizes e determinantes 87

Sistemas de equações lineares 89

   EXERCÍCIOS 91

GEOMETRIA ESPACIAL

Geometria espacial de posição 98

Poliedros 101

Prismas 101

Pirâmides 102

   EXERCÍCIOS 104

ANÁLISE COMBINATÓRIA

Princípio fundamental da contagem 111

Permutações 111

Combinações simples 112

Binômio de newton 112

   EXERCÍCIOS 113

PROBABILIDADE E ESTATÍSTICA

Introdução à teoria das probabilidades 119

Cálculo de probabilidades 119

Adição e multiplicação de probabilidades 120

Introdução à estatística 120

   EXERCÍCIOS 122

ESTATÍSTICA E PROBABILIDADE

Medidas de tendência central 130

Medidas de dispersão 130

   EXERCÍCIOS 131

GEOMETRIA ANALÍTICA

Coordenadas cartesianas 137

A reta no plano cartesiano 137

Distância, área e ângulo 138

A circunferência no plano cartesiano 139

   EXERCÍCIOS 141

GEOMETRIA ESPACIAL

Cilindros 149

Cones 149

Esferas 150

   EXERCÍCIOS 151

NÚMEROS COMPLEXOS

O conjunto dos números complexos 157

Operações na forma algébrica 158

A forma trigonométrica 158

Operações na forma trigonométrica 159

   EXERCÍCIOS 160

POLINÔMIOS E EQUAÇÕES ALGÉBRICAS

Polinômios 165

Operações com polinômios 165

Equações polinomiais 167

Teoremas e relações entre raízes 168

   EXERCÍCIOS 170

AS CÔNICAS

Elipse 175

Hipérbole 176

Parábola 177

   EXERCÍCIOS 180

NÚMEROS E CONJUNTOS

NÚMEROS REAIS

Os conjuntos numéricos estudados nesta unidade podem ser esquematizados da seguinte maneira:

Número racional é qualquer número real que pode ser escrito ou representado como quociente de dois números inteiros. Conforme visto no diagrama, qualquer número natural é inteiro e qualquer número inteiro é racional.

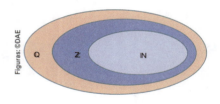

Existem números reais que não podem ser escritos ou representados como quociente de dois inteiros. São chamados **números irracionais**.

A união dos números racionais com os números irracionais forma o conjunto dos **números reais**.

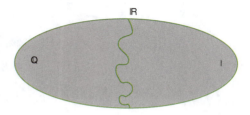

INTERVALOS

Na reta dos números reais, a cada número associamos um ponto e a cada ponto associamos um número. Podemos assim formar os seguintes intervalos de números reais:

Intervalo fechado:

Todos os números reais x, tais que $a \leq x \leq b$ ou $[a, b]$

Intervalo aberto:

Todos os números reais x, tais que $a < x < b$ ou $]a, b[$

Intervalo fechado à esquerda e aberto à direita:

Todos os números reais x, tais que $a \leq x < b$ ou $[a, b[$

Intervalo aberto à esquerda e fechado à direita:

Todos os números reais x, tais que $a < x \leq b$ ou $]a, b]$

Intervalo fechado à esquerda e ilimitado à direita:

Todos os números reais x, tais que $x \geq a$ ou $[a, +\infty[$

Intervalo aberto à esquerda e ilimitado à direita:

Todos os números reais x, tais que $x > a$ ou $]a, +\infty[$

Intervalo ilimitado à esquerda e fechado à direita:

Todos os números reais x, tais que $x \leq a$ ou $]-\infty, a]$

Intervalo ilimitado à esquerda e aberto à direita:

Todos os números reais x, tais que $x < a$ ou $]-\infty, a[$

NOÇÕES BÁSICAS DE CONJUNTO

Para conjunto, elemento e pertinência, utilizamos os seguintes símbolos:

- **Conjunto** – representamos, de modo geral, por meio de uma letra latina maiúscula: A, B, C, ..., X, Y, Z.
- **Elemento** – representamos, de modo geral, por meio de uma letra latina minúscula: a, b, c, ..., x, y, z.
- **Pertinência** – representamos pelo símbolo ∈, que se lê "pertence a".

Assim, se um elemento **m** qualquer for elemento de um conjunto **A** qualquer, dizemos que "**m pertence a A**" e representamos por "$m \in A$". Caso **m** não represente um elemento do conjunto **A**, dizemos que "**m não pertence a A**" e representamos por "$m \notin A$".

Exemplo:

Vamos representar o conjunto B, sendo B = {x/x é um número natural ímpar menor que dez}.

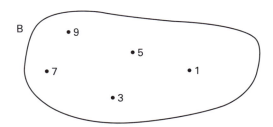

Um conjunto vazio pode ser representado por { } ou por ∅.

Note que ∅ é diferente de {∅}, pois, enquanto ∅ representa um conjunto vazio, {∅} representa um conjunto unitário formado pelo elemento ∅.

Entre dois conjuntos quaisquer A e B existem duas possibilidades: se todos os elementos de A forem elementos de B, dizemos que A é um subconjunto ou uma parte de B. Representamos essa relação por A ⊂ B (lê-se: "A está contido em B", ou "A é uma parte de B", ou "A é um subconjunto de B").

Exemplo:

No diagrama a seguir, o conjunto dos números naturais é subconjunto dos números inteiros.

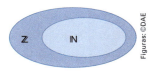

São propriedades da inclusão de conjuntos:

- **Propriedade reflexiva:** A ⊂ A.
- **Propriedade antissimétrica:**
  Se A ⊂ B e B ⊂ A, então A = B.
- **Propriedade transitiva:**
  Se A ⊂ B e B ⊂ C, então A ⊂ C.

Denomina-se **conjunto das partes** de um conjunto A o conjunto **P(A)** formado por todos os subconjuntos de A.

Exemplo:

Dado o conjunto A = {r, s, t}, podemos formar o conjunto P(A):

$P(A) = \{\emptyset, \{r\}, \{s\}, \{t\}, \{r,s\}, \{r,t\}, \{s,t\}, \{r,s,t\}\}$

Observação:

Se um conjunto A qualquer tem x elementos, então P(A) tem 2^x elementos, isto é, se $n(A) = x$, $n(P(A)) = 2^x$.

OPERAÇÕES ENTRE CONJUNTOS
UNIÃO

A união ou reunião dos conjuntos A e B é representada por $A \cup B$. Lê-se: "A reunião B" ou "A união B" e é definida por:

$A \cup B = \{x \,/\, x \in A \text{ ou } x \in B\}$

Quando escrevemos "$x \in A$" ou "$x \in B$", significa que x é um elemento de A ou x é um elemento de B ou ainda que x é elemento tanto de A quanto de B.

INTERSEÇÃO

A interseção dos conjuntos A e B é representada por $A \cap B$. Lê-se: "A interseção B" ou "A inter B" e é definida por:

$$A \cap B = \{x \,/\, x \in A \text{ e } x \in B\}$$

Quando utilizamos o conectivo "e" entre as duas sentenças na definição acima ($x \in A$ e $x \in B$), significa que as duas condições devem ser obedecidas. Se $A \cap B = \varnothing$, os conjuntos A e B são chamados **disjuntos**.

Sendo quaisquer os conjuntos A, B e C, são válidas as seguintes propriedades de união e intersecção de conjuntos:

- **Propriedade idempotente:**
  $A \cup A = A$ e $A \cap A = A$
- **Propriedade comutativa:**
  $A \cup B = B \cup A$ e $A \cap B = B \cap A$
- **Propriedade associativa:**
  $A \cup (B \cup C) = (A \cup B) \cup C$ e
  $A \cap (B \cap C) = (A \cap B) \cap C$
- **Propriedade distributiva:**
  $A \cup (B \cap C) = (A \cup B) \cap (A \cup C)$ e
  $A \cap (B \cup C) = (A \cap B) \cup (A \cap C)$

DIFERENÇA

A diferença entre os conjuntos A e B que indicamos por $A - B$ e lemos "A menos B" é tal que:

$$A - B = \{x/x \in A \text{ e } x \notin B\}$$

Dizer que $x \in A$ e $x \notin B$ corresponde a dizer que x é um elemento de A, mas não é um elemento de B.

COMPLEMENTAR

Quando consideramos um conjunto A em relação a um universo U, dizemos que os elementos que pertencem a U, mas não pertencem a A, fazem parte do conjunto **complementar de A em relação a U**. Representamos esse conjunto por $\overline{A}$ ou A^c. No diagrama, está representado, na parte colorida, o complementar de A em relação a U.

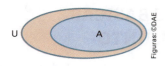

Em símbolos, o complementar do conjunto A em relação ao universo U pode ser assim definido:

$$A^c = \{x/x \in U \text{ e } x \notin A\}$$

Em relação ao conceito de complementar, há duas propriedades conhecidas como Leis de Morgan:

$$(A \cap B)^c = A^c \cup B^c$$

O complementar da interseção de dois conjuntos é igual à união dos complementares desses conjuntos.

$$(A \cup B)^c = A^c \cap B^c$$

O complementar da união de dois conjuntos é igual à interseção dos complementares desses conjuntos.

NÚMERO DE ELEMENTOS DA UNIÃO DE CONJUNTOS

Dados os conjuntos A e B, conforme o diagrama a seguir, o número de elementos de A união com B é:

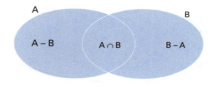

$$n(A \cup B) = n(A) + n(B) - n(A \cap B)$$

Quando dois conjuntos A e B são disjuntos, ou seja, $A \cap B = \varnothing$, temos que $n(A \cap B) = 0$, assim

$$n(A \cup B) = n(A) + n(B)$$

Para a união de três conjuntos A, B e C, a relação que permite calcular o número de elementos é:

$$n(A \cup B \cup C) = n(A) + n(B) + n(C) - n(A \cap B) - n(A \cap C) - n(B \cap C) + n(A \cap B \cap C)$$

Exercícios

EXERCÍCIOS RESOLVIDOS

1. (UFPR) Um dia sideral corresponde ao tempo necessário para que a Terra complete uma rotação em torno do seu eixo relativo a uma estrela fixa no espaço sideral, nos possibilitando aferir um tempo de aproximadamente 23,93447 h. O dia solar médio é o tempo correspondente a uma rotação da Terra, em que vemos o Sol voltar a sua posição no céu após um tempo de 24 h. A diferença entre o dia sideral e o dia solar médio é de:

a) 3 min e 45 s.

b) 6 min e 55 s.

c) 6 min e 56 s.

(d) 3 min e 56 s.

e) 3 min e 30 s.

Calculamos inicialmente essa diferença em horas.

Diferença = 24 h – 23,93447 h

Diferença = 0,06553 h

Transformamos essa diferença em minutos e segundos, considerando que 1 h = 60 min e 1 min = 60 s:

Diferença $= 0,06553 \cdot 60\,\text{min}$

Diferença $= 3,93\,\text{min}$

Diferença $= 3\,\text{min} + 0,93 \cdot 60\,\text{s}$

Diferença $= 3\,\text{min} + 56\,\text{s}$

Portanto, a diferença é 3 minutos e 56 segundos.

2. (Uerj) Em uma atividade escolar, qualquer número X, inteiro e positivo, é submetido aos procedimentos matemáticos descritos abaixo, quantas vezes forem necessárias, até que se obtenha como resultado final o número 1.
Se X é múltiplo de 3, deve-se dividi-lo por 3.
Se X não é divisível por 3, deve-se calcular X – 1.
A partir de X = 11, por exemplo, os procedimentos são aplicados quatro vezes. Veja a sequência dos resultados obtidos:

10	9	3	1

Iniciando-se com X = 43, o número de vezes que os procedimentos são utilizados é igual a:

(a) 7

b) 8

c) 9

d) 10

Vamos analisar os procedimentos necessários a partir do número 43:

1º procedimento: $43 - 1 = 42$

2º procedimento: $42 : 3 = 14$

3º procedimento: $14 - 1 = 13$

4º procedimento: $13 - 1 = 12$

5º procedimento: $12 : 3 = 4$

6º procedimento: $4 - 1 = 3$

7º procedimento: $3 : 3 = 1$

Portanto, serão utilizados 7 procedimentos ao todo.

3. (Enem)

Todos os anos, a Receita Federal alerta os contribuintes para não deixarem o envio de seus dados para o último dia do prazo de entrega, pois, após esse prazo, terão que pagar uma multa. Em certo ano, a quatro dias do prazo final, contabilizou-se o recebimento de 16,2 milhões de declarações, o equivalente a cerca de 60% do total estimado pela Receita Federal. Nesse mesmo momento, foi observado que a média de entrada era de aproximadamente 90000 declarações por hora.

Disponível em: <www.folha.uol.com.br>. Acesso em: 30 maio 2010 (adaptado).

Considerando o total estimado para entrega e permanecendo nesses últimos dias a mesma média por hora de recebimentos das declarações, qual a quantidade aproximada de pessoas que terão que pagar multa por atraso, sabendo que a Receita Federal recebe declarações 24 horas por dia?

(a) 2,16 milhões

b) 4,05 milhões

c) 6,21 milhões

d) 7,65 milhões

e) 8,64 milhões

Como são 90 mil declarações recebidas por hora, basta multiplicar esse número por 24 para termos a quantidade de declarações recebidas por dia:

$n = 90000 \cdot 24$ de declarações

$n = 2160000$ de declarações

$n = 2,16$ milhões de declarações

Portanto, são 2,16 milhões de declarações por dia.

4. (Uern) Em um vestibular para ingresso no curso de engenharia de uma determinada universidade, foi analisado o desempenho dos 1 472 vestibulandos nas provas de Português, Matemática e Física, obtendo-se o seguinte resultado:

- 254 candidatos foram aprovados somente em Português;
- 296 candidatos foram aprovados somente em Matemática;
- 270 candidatos foram aprovados somente em Física;
- 214 candidatos foram aprovados em Português e Física;
- 316 candidatos foram aprovados em Matemática e Física;
- 220 candidatos foram aprovados em Português e Matemática;
- 142 candidatos foram reprovados nas três disciplinas.

O número de alunos aprovados nas três disciplinas, e, portanto, aptos a ingressarem no curso de engenharia, é

a) 98
b) 110
c) 120
d) 142

Vamos representar por P, M e F, respectivamente, o conjunto dos alunos aprovados em Português, o conjunto dos alunos aprovados em Matemática e o conjunto dos alunos aprovados em Física. Dessa forma, a intersecção desses conjuntos representa o conjunto formado pelos alunos aprovados nas três disciplinas. Considerando o número de elementos, temos inicialmente que $n(P \cap M \cap F) = x$ e:

$254 = n(P) - 214 - 220 + x$ (I)
$296 = n(M) - 316 - 220 + x$ (II)
$270 = n(F) - 214 - 316 + x$ (III)

Adicionando (I), (II) e (III), membro a membro, vem:
$820 = n(P) + n(M) + n(F) - 1500 + 3x$
$2320 - 3x = n(P) + n(M) + n(F)$ (IV)

Considerando a relação que fornece o número de elementos da união dos 3 conjuntos, temos:

$n(P \cup M \cup F) = n(P) + n(M) + n(F) - n(P \cap M) - n(P \cap F) - n(M \cap F) + n(P \cap M \cap F)$
$1472 - 142 = (2320 - 3x) - 220 - 214 - 316 + x$
$1330 = 1570 - 2x$
$2x = 240 \Rightarrow x = 120$

EXERCÍCIOS PROPOSTOS

1. (UPE) Uma rua sem saída, às margens de um rio, será calçada pelos proprietários dos seus quatro lotes e o custo da pavimentação será de R$ 60.000,00. Em uma reunião, eles chegaram ao seguinte acordo: os custos da pavimentação do primeiro lote serão divididos entre os proprietários dos quatro lotes; para o segundo lote serão divididos entre os proprietários dos lotes 2, 3 e 4; os custos da pavimentação para o terceiro lote serão divididos entre os proprietários dos lotes 3 e 4, e os custos da pavimentação para o quarto lote caberão apenas ao seu proprietário. Nessas condições, quanto o proprietário do lote 4 pagou a mais que o do lote 2?

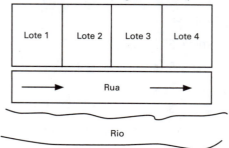

a) R$ 12.500,00
b) R$ 14.500,00
c) R$ 16.500,00
d) R$ 18.000,00
e) R$ 22.500,00

2. (PUC-SP) Se n é um número inteiro positivo, chama-se *indicador* de n o número de elementos do conjunto $\emptyset(n) = \{x \mid 1 \leq x \leq n \text{ e mdc}(x, n) = 1\}$. Com base nessa definição, é correto afirmar que o *indicador* do número 24 é igual a:

a) 16
b) 12
c) 10
d) 8

3. (UFU-MG) Em uma gráfica, uma impressora foi ajustada para imprimir as 323 páginas de um livro, em ordem crescente da 1ª até a 323ª página. Assuma que ocorreu uma pane, interrompendo a impressão e deixando de ser impresso um total de páginas em cujas enumerações seriam utilizados 636 algarismos.

Se A é o conjunto de todos os números usados na enumeração das páginas, então a quantidade de elementos desse conjunto que são quadrados perfeitos é igual a

a) 11.

b) 8.

c) 9.

d) 10.

4. (Uece) Se o resto da divisão do número natural n por 20 é igual a 8 e o número natural r é o resto da divisão do mesmo número por 5, então o valor de r^{-3} é igual a

a) 1.

b) $\dfrac{1}{8}$.

c) $\dfrac{1}{27}$.

d) $\dfrac{1}{64}$.

5. (PUC-RJ) Uma pesquisa realizada com 245 atletas, sobre as atividades praticadas nos seus treinamentos, constatou que 135 desses atletas praticam natação, 200 praticam corrida e 40 não utilizavam nenhuma das duas modalidades no seu treinamento. Então, o número de atletas que praticam natação e corrida é:

a) 70

b) 95

c) 110

d) 125

e) 130

6. (UPM-SP) Se $A = \{x \in \mathbb{N} \mid x \text{ é divisor de } 60\}$ e $B = \{x \in \mathbb{N} \mid 1 \leq x \leq 5\}$, então o número de elementos do conjunto das partes de $A \cap B$ é um número

a) múltiplo de 4, menor que 48.

b) primo, entre 27 e 33.

c) divisor de 16.

d) par, múltiplo de 6.

e) pertencente ao conjunto $\{x \in \mathbb{R} \mid 32 < x \leq 40\}$.

7. (PUC-PR) Em uma enquete, com 500 estudantes, sobre a preferência de cada um com três tipos diferentes de suco (laranja, manga e acerola), chegou-se ao seguinte resultado: 300 estudantes gostam do suco de laranja; 200 gostam do suco de manga; 150 gostam do suco de acerola; 75 gostam dos sucos de laranja e acerola; 100 gostam dos sucos de laranja e manga; 10 gostam dos três sucos; e 65 não gostam de nenhum dos três sucos.

Exercícios 13

O número de alunos que gosta dos sucos de manga e acerola é:

a) 40.
b) 60.
c) 120.
d) 50.
e) 100.

8. (ESPM-SP) Considere os seguintes subconjuntos de alunos de uma escola:

A: alunos com mais de 18 anos
B: alunos com mais de 25 anos
C: alunos com menos de 20 anos

Assinale a alternativa com o diagrama que melhor representa esses conjuntos:

a)
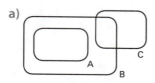

b)
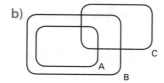

c)
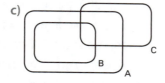

d)
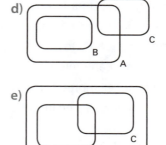

e)

9. (FGV-SP) A raiz quadrada da diferença entre a dízima periódica 0,444... e o decimal de representação finita $0,\underbrace{444...4}_{10\text{ vezes}}$ é igual a 1 dividido por

a) 90 000.
b) 120 000.
c) 150 000.
d) 160 000.
e) 220 000.

10. (FGV-SP) Um álbum de figurinhas possui 35 páginas, cada uma com 25 figurinhas, distribuídas em 5 linhas e 5 colunas. As figurinhas estão ordenadas e numeradas de 1 até 875. Nesse álbum, são consideradas figurinhas especiais as 7ª, 14ª, 21ª, 28ª e assim sucessivamente. A figura ilustra a primeira página desse álbum.

Depois que o álbum for completado com todas as figurinhas, a última página que se iniciará com uma figurinha especial é a de número

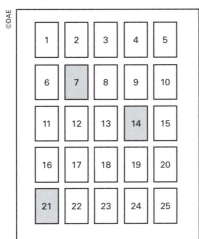

a) 27.
b) 28.
c) 32.
d) 33.
e) 34.

11. (Acafe-SC) Um grupo de 216 mulheres e 180 homens inscreveram-se como voluntários para visitar pessoas doentes em hospitais de uma cidade. Todas as pessoas inscritas serão divididas em grupos segundo o seguinte critério: todos os grupos deverão ter a mesma quantidade de pessoas e em cada grupo só haverá pessoas do mesmo sexo.

Nessas condições, se grupos distintos deverão visitar hospitais distintos, o menor número de hospitais a serem visitados é um número:

a) par.
b) divisível por 6.
c) quadrado perfeito.
d) primo.

12. (Uerj) Na tabela abaixo, estão indicadas três possibilidades de arrumar *n* cadernos em pacotes:

Nº de pacotes	Nº de cadernos por pacotes	Nº de cadernos que sobram
x	12	11
y	20	19
z	18	17

Se *n* é menor do que 1 200, a soma dos algarismos do maior valor de *n* é:

a) 12
b) 17
c) 21
d) 26

13. (Enem) O gerente de um cinema fornece anualmente ingressos gratuitos para escolas. Este ano, serão distribuídos 400 ingressos para uma sessão vespertina e 320 ingressos para uma sessão noturna de um mesmo filme. Várias escolas podem ser escolhidas para receber ingressos. Há alguns critérios para a distribuição dos ingressos:

1) cada escola deverá receber ingressos para uma única sessão;

2) todas as escolas contempladas deverão receber o mesmo número de ingressos;

3) não haverá sobra de ingressos (ou seja, todos os ingressos serão distribuídos).

O número mínimo de escolas que podem ser escolhidas para obter ingressos, segundo os critérios estabelecidos, é

a) 2.

b) 4.

c) 9.

d) 40.

e) 80.

14. (ESPM-SP) Uma polegada equivale a 25,4 mm. Alguns artigos da construção civil ainda têm suas medidas dadas em polegadas e, por isso, os funcionários das lojas de materiais precisam, eventualmente, fazer as conversões de milímetros para polegadas. Entre as regras a seguir, assinale a que resulta numa melhor aproximação para essa conversão.

a) Dividir a medida em milímetros por 4 e deslocar a vírgula uma casa para a esquerda.

b) Multiplicar a medida em milímetros por 4 e deslocar a vírgula duas casas para a esquerda.

c) Multiplicar a medida em milímetros por 4 e deslocar a vírgula três casas para a esquerda.

d) Dividir a medida em milímetros por 5 e deslocar a vírgula uma casa para a direita.

e) Dividir a medida em milímetros por 5 e deslocar a vírgula duas casas para a direita.

15. (Unicamp-SP) Prazeres, benefícios, malefícios, lucros cercam o mundo dos refrigerantes. Recentemente, um grande fabricante nacional anunciou que havia reduzido em 13 mil toneladas o uso de açúcar na fabricação de seus refrigerantes, mas não informou em quanto tempo isso ocorreu. O rótulo atual de um de seus refrigerantes informa que 200 ml do produto contêm 21 g de açúcar. Utilizando apenas o açúcar "economizado" pelo referido fabricante seria possível fabricar, aproximadamente,

a) 124 milhões de litros de refrigerante.

b) 2,60 bilhões de litros de refrigerante.

c) 1 365 milhões de litros de refrigerante.

d) 273 milhões de litros de refrigerante.

TÓPICOS DE GEOMETRIA PLANA

FIGURAS GEOMÉTRICAS PLANAS: PROPRIEDADES

ÂNGULOS OPOSTOS PELO VÉRTICE

Os ângulos α e β, indicados na figura a seguir, são opostos pelo vértice P. Tais ângulos têm a mesma medida.

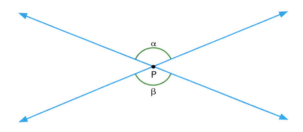

ANGULOS FORMADOS POR RETAS PARALELAS E UMA TRANSVERSAL

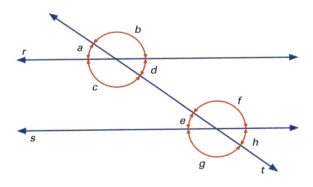

Ângulos correspondentes (mesma medida): a e e, b e f, c e g, d e h.

Ângulos alternos internos (mesma medida): c e f, d e e.

Ângulos alternos externos (mesma medida): a e h, b e g.

Ângulos colaterais internos (medidas suplementares): c e e, d e f.

Ângulos colaterais externos (medidas suplementares): a e g, b e h.

SOMA DAS MEDIDAS DOS ÂNGULOS INTERNOS DE UM TRIÂNGULO

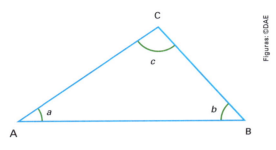

$$a + b + c = 180°$$

SOMA DAS MEDIDAS DOS ÂNGULOS EXTERNOS DE UM TRIÂNGULO

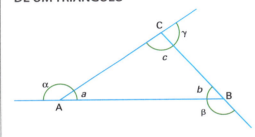

$$\alpha + \beta + \gamma = 360°$$

SOMA DAS MEDIDAS DOS ÂNGULOS INTERNOS E EXTERNOS DE UM POLÍGONO

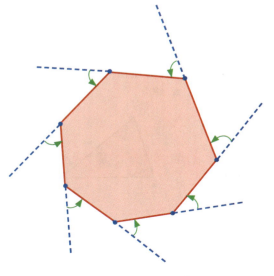

Internos: $S_i = (n - 2) \cdot 180°$
Externos: $S_e = 360°$

NÚMERO DE DIAGONAIS DE UM POLÍGONO

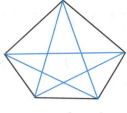

$$d = \frac{n \cdot (n-3)}{2}$$

SEMELHANÇA DE POLÍGONOS

CONGRUÊNCIA

Segmentos congruentes: Os segmentos AB e CD, representados abaixo, são congruentes, pois, deslocando $\overline{AB}$ sobre $\overline{CD}$, eles coincidem. Indicamos que $\overline{AB} \equiv \overline{CD}$.

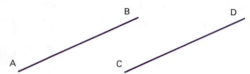

Ângulos congruentes: os ângulos A e B, representados a seguir, são congruentes. Indicamos essa congruência por $A \equiv B$.

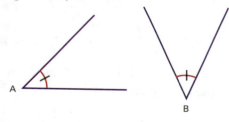

Triângulos congruentes: dois triângulos são congruentes quando os três lados, dois a dois, e os três ângulos, dois a dois, são congruentes. Indicamos essa congruência por $\triangle ABC \equiv \triangle RST$.

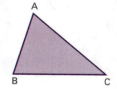
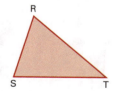

TEOREMA DE TALES

Se duas retas transversais intersectam um feixe de retas paralelas, então a razão entre as medidas de dois segmentos quaisquer de uma transversal é igual à razão entre as medidas dos segmentos correspondentes da outra transversal.

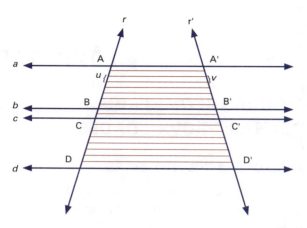

$$\frac{AB}{CD} = \frac{A'B'}{C'D'}$$

SEMELHANÇA DE TRIÂNGULOS

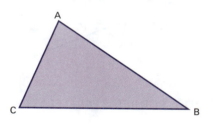

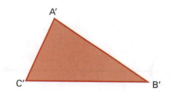

Dois triângulos são semelhantes se, e somente se, possuem os três ângulos ordenadamente congruentes e as medidas dos lados homólogos proporcionais.

CASOS DE SEMELHANÇA DE TRIÂNGULOS

1º caso:

Dois triângulos são semelhantes se dois ângulos de um são congruentes a dois ângulos do outro.

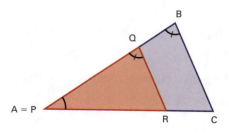

$A \equiv P \ e \ B \equiv Q \Rightarrow \triangle ABC \sim \triangle PQR$

2º caso:

Dois triângulos são semelhantes se as medidas dos lados de um são proporcionais às medidas dos lados do outro.

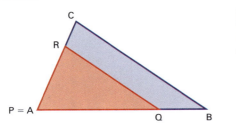

$$\frac{AB}{PQ} = \frac{AC}{PR} = \frac{BC}{QR} \Rightarrow \Delta ABC \sim \Delta PQR$$

3º caso:

Dois triângulos são semelhantes se possuem dois lados correspondentes com medidas proporcionais e o ângulo compreendido entre eles é congruente.

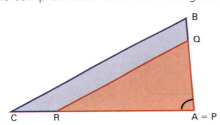

$$\frac{AB}{PQ} = \frac{AC}{PR} \text{ e } A \equiv P \Rightarrow \Delta ABC \sim \Delta PQR$$

SEMELHANÇA DE POLÍGONOS

Dois polígonos são semelhantes quando têm os lados correspondentes proporcionais e todos os ângulos correspondentes congruentes.

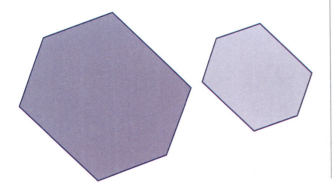

ÁREAS DE FIGURAS GEOMÉTRICAS PLANAS

ÁREAS: QUADRADO E RETÂNGULO

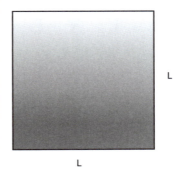

$$S_{quadrado} = L^2$$

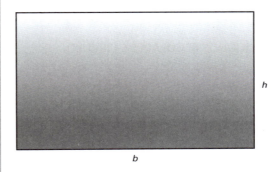

$$S_{retângulo} = b \cdot h$$

ÁREAS: PARALELOGRAMO, TRIÂNGULO, LOSANGO E TRAPÉZIO

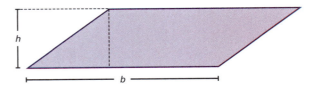

Paralelogramo: $S = b \cdot h$

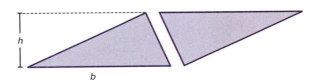

Triângulo: $S = \dfrac{b \cdot h}{2}$

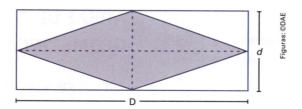

Losango: $S = \dfrac{D \cdot d}{2}$

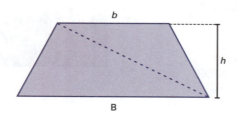

Trapézio: $S = \left(\dfrac{B + b}{2}\right) \cdot h$

ÁREAS: POLÍGONOS REGULARES E CÍRCULO

  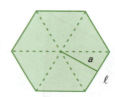

A área S de um polígono convexo regular de n lados é:

$$S = n \cdot \left(\dfrac{\ell \cdot a}{2}\right) = \left(\dfrac{n \cdot \ell}{2}\right) \cdot a$$

A área S de um círculo de raio r é:

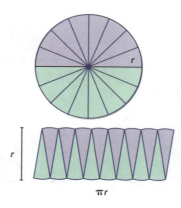

$$S = \pi \cdot r^2$$

Exercícios

EXERCÍCIOS RESOLVIDOS

1. Considere dois polígonos convexos A e B. Sabe-se que o polígono A tem 4 lados a mais que o polígono B. Considerando que o número total de diagonais do polígono A com o número total de diagonais do polígono B é 74, quantos lados tem cada um desses polígonos?

Considerando que n_A e n_B representam, respectivamente o número de lados do polígono A e B, e que d_A e d_B indicam a quantidade de diagonais desses polígonos, nessa ordem, temos:

$$d = \frac{n \cdot (n-3)}{2}$$

$d_A + d_B = 74$

$\frac{n_A(n_A - 3)}{2} + \frac{n_B(n_B - 3)}{2} = 74$

↓ $n_A = n_B + 4$

$\frac{(n_B + 4)(n_B + 4 - 3)}{2} + \frac{n_B(n_B - 3)}{2} = 74$

$n_B^2 + 5n_B + 4 + n_B^2 - 3n_B = 148$

$2n_B^2 + 2n_B - 144 = 0$

$n_B^2 + n_B - 72 = 0$

$n_B = -9$ (não)

ou

$n_B = 8 \Rightarrow n_A = 12$

Portanto, os polígonos são dodecágono (12 lados) e octógono (8 lados).

2. (UFRGS-RS) Na figura abaixo, encontram-se representados o hexágono regular ABCDEF, seis quadrados com um de seus lados coincidindo com um lado do hexágono e um círculo que passa por vértices dos quadrados.

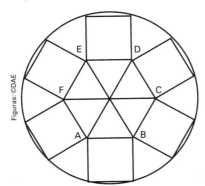

Se o lado do hexágono é 1, então a área do círculo é

a) $\pi + \sqrt{3}$.
b) $\pi\sqrt{3}$.
c) $\pi(2 + \sqrt{3})$.
d) $2\pi\sqrt{3}$.
e) $\pi(1 + \sqrt{3})$.

A partir dos dados dessa questão vamos considerar o seguinte triângulo retângulo com vértices no centro da figura, no ponto médio do lado do quadrado e no vértice do quadrado. No triângulo, R é o raio da circunferência e h a medida da altura do triângulo equilátero:

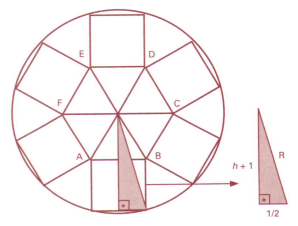

Sendo $h = \frac{L\sqrt{3}}{2}$ a altura do triângulo equilátero e aplicando o Teorema de Pitágoras no triângulo retângulo destacado, vem:

$h = \frac{1 \cdot \sqrt{3}}{2} = \frac{\sqrt{3}}{2}$ e

$R^2 = \left(\frac{1}{2}\right)^2 + \left(\frac{\sqrt{3}}{2} + 1\right)^2$

$R^2 = \frac{1}{4} + \frac{3}{4} + 2 \cdot \frac{\sqrt{3}}{2} \cdot 1 + 1$

$R^2 = 2 + \sqrt{3}$

Cálculo da área do círculo:

$A = \pi \cdot R^2$

$A = \pi \cdot (2 + \sqrt{3})$ u.a.

3. (Uece) Uma bicicleta, cuja medida do raio da circunferência de cada pneu é 35 cm, percorreu uma distância de 100 m, em linha reta, sem

deslizamento de pneu ao longo do percurso. O número inteiro que indica, de forma mais aproximada, a quantidade de giros completos de cada pneu da bicicleta, ao longo do trajeto realizado, é

Observação: Use 3,14 para o valor de π.

a) 42.
b) 45.
c) 50.
d) 53.

Cálculo do perímetro do pneu:

$2p = 2 \cdot \pi \cdot 35$

$2p \cong 70 \cdot 3,14$

$2p \cong 219,8 \therefore 219,8$ cm

Como a distância percorrida é de 100 m, isto é, 10 000 cm, temos que o número de voltas n é o quociente entre essa distância e o perímetro do pneu (distância em uma volta):

$$n = \frac{10000 \text{ cm}}{219,8 \text{ cm}}$$

$$n \cong 45,50$$

Portanto, o número de giros completos (número de voltas) é 45.

4. (PUC-RJ) Considere um triângulo ABC retângulo em A, onde $\overline{AB} = 21$ e $\overline{AC} = 20$. $\overline{BD}$ é a bissetriz do ângulo $A\hat{B}C$. Quanto mede $\overline{AD}$?

a) $\frac{42}{5}$

b) $\frac{21}{20}$

c) $\frac{20}{21}$

d) 9

e) 8

Inicialmente, indicamos no triângulo ABC, a seguir representado, os dados da questão, considerando que

$AD = x$.

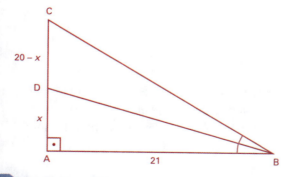

Observando o Teorema de Pitágoras no triângulo retângulo ABC, vem:

$BC^2 = 20^2 + 21^2 \Rightarrow BC = 29$

A partir da bissetriz interna, relativa ao ângulo B, pode-se afirmar que:

$\frac{21}{x} = \frac{29}{20-x} \Rightarrow x = \frac{42}{5}$

Portanto, $AD = \frac{42}{5}$.

Observação:
Pesquise a respeito do Teorema da bissetriz interna de um triângulo, para obter o resultado anterior.

EXERCÍCIOS PROPOSTOS

1. (UPE) A Pizzaria Italiana vende *pizzas* inteiras ou em porções (fatias). A tabela abaixo apresenta o número de fatias e o diâmetro de acordo com o tipo da *pizza*.

Tipo da *pizza*	Número de fatias	Diâmetro (cm)
Broto	6	30
Grande	8	35
Gigante	10	40

Se uma *pizza* broto inteira custa R$ 27,00 qual deve ser o preço de cada fatia da pizza gigante?

a) R$ 6,50
b) R$ 4,80
c) R$ 4,50
d) R$ 3,90
e) R$ 3,50

2. (UFU-MG) Dois irmãos herdaram um terreno que, conforme consta no registro de imóvel, pode ser representado pelo triângulo retângulo ABC da figura a seguir.

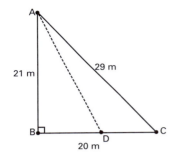

Os irmãos pretendem murar esse terreno e, ao mesmo tempo, dividi-lo por um muro, representado pelo segmento AD, em dois terrenos triangulares de mesma área. O preço de construção do metro quadrado de muro foi orçado em R$ 90,00, e em toda extensão o muro terá 3 m de altura.

A parte inteira do custo da construção do muro, em milhares de reais, é

a) 25.

b) 23.

c) 24.

d) 26.

3. (Acafe-SC) Na figura, AM = 8 cm, BM = 10 cm, BC = 54 cm, AH = 45/2 cm e MN/BC.

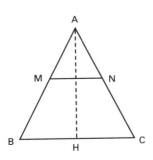

Em relação (aproximada) entre a área do trapézio BCMN e a área do triângulo AMN é correto afirmar:

a) A área do trapézio é o quádruplo da área do triângulo.

b) Diferem entre si em $360\,cm^2$.

c) O trapézio é 200% maior que o triângulo.

d) A razão entre as áreas é $\dfrac{13}{5}$.

4. (UFRGS-RS) Um desenhista foi interrompido durante a realização de um trabalho, e seu desenho ficou como na figura abaixo.

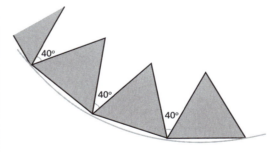

Se o desenho estivesse completo, ele seria um polígono regular composto de triângulos equiláteros não sobrepostos, com dois de seus vértices sobre um círculo, e formando um ângulo de 40°, como indicado na figura.

Quando a figura estiver completa, o número de triângulos equiláteros com dois de seus vértices sobre o círculo será

Exercícios 23

a) 10.
b) 12.
c) 14.
d) 16.
e) 18.

a) $\dfrac{3}{10}$.

b) $\dfrac{2}{15}$.

c) $\dfrac{1}{25}$.

d) $\dfrac{10}{61}$.

e) $\dfrac{5}{21}$.

5. (Fatec-SP) Nas competições olímpicas de Tiro com Arco, o alvo possui 1,22 m de diâmetro. Ele é formado por dez circunferências concêntricas pintadas sobre um mesmo plano e a uma distância constante de 6,1 cm entre si, como vemos no esquema.

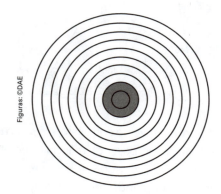

Podemos afirmar corretamente que a razão entre a área da região cinza e a área total do alvo, nessa ordem, é igual a

6. (PUC-RJ) Considere o quadrado ABCD de lado 4 cm. O ponto médio do lado AD é F, e o ponto médio do lado AB é E. Calcule a área do triângulo EFC.

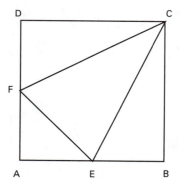

a) 6

b) $\sqrt{2}$

c) $\sqrt{18}$

d) $\sqrt[4]{2}$

e) $4 + \sqrt{2}$

7. (Uece) Se, em um polígono convexo, o número de lados n é um terço do número de diagonais, então o valor de n é

a) 9.
b) 11.
c) 13.
d) 15.

8. (Enem) Para uma alimentação saudável, recomenda-se ingerir, em relação ao total de calorias diárias, 60% de carboidratos, 10% de proteínas e 30% de gorduras. Uma nutricionista, para melhorar a visualização dessas porcentagens, quer dispor esses dados em um polígono. Ela pode fazer isso em um triângulo equilátero, um losango, um pentágono regular, um hexágono regular ou um octógono regular, desde que o polígono seja dividido em regiões cujas áreas sejam proporcionais às porcentagens mencionadas. Ela desenhou as seguintes figuras:

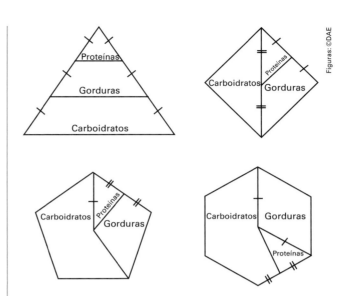

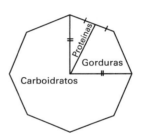

Entre esses polígonos, o único que satisfaz as condições necessárias para representar a ingestão correta de diferentes tipos de alimento é o

a) triângulo.
b) losango.
c) pentágono.
d) hexágono.
e) octógono.

10. (UFRN) Uma indústria compra placas de alumínio em formato retangular e as corta em quatro partes, das quais duas têm a forma de triângulos retângulos isósceles (Fig. 1). Depois, reordena as quatro partes para construir novas placas no formato apresentado na Fig. 2.

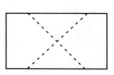
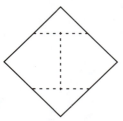

Fig 1: Placa retangular   **Fig 2**: Nova placa

Se a medida do lado menor da placa retangular é 30 cm, a medida do lado maior é:

a) 70 cm.

b) 40 cm.

c) 50 cm.

d) 60 cm.

9. (Uerj) Uma máquina possui duas engrenagens circulares, sendo a distância entre seus centros A e B igual a 11 cm, como mostra o esquema:

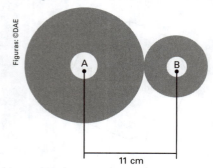

Sabe-se que a engrenagem menor dá 1 000 voltas no mesmo tempo em que a maior dá 375 voltas, e que os comprimentos dos dentes de ambas têm valores desprezíveis.

A medida, em centímetros, do raio da engrenagem menor equivale a:

a) 2,5

b) 3,0

c) 3,5

d) 4,0

11. (Unicamp-SP) O segmento AB é o diâmetro de um semicírculo e a base de um triângulo isósceles ABC, conforme a figura a seguir.

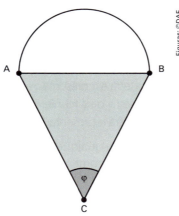

Denotando as áreas das regiões semicircular e triangular, respectivamente, por $S(\varphi)$ e $T(\varphi)$, podemos afirmar que a razão $S(\varphi)/T(\varphi)$, quando $\varphi = \dfrac{\pi}{2}$ radianos, é

a) $\dfrac{\pi}{2}$.

b) 2π.

c) π.

d) $\dfrac{\pi}{4}$.

12. (Enem) Em uma casa, há um espaço retangular medindo 4 m por 6 m, onde se pretende colocar um piso de cerâmica resistente e de bom preço. Em uma loja especializada, há cinco possibilidades de pisos que atendem às especificações desejadas, apresentadas no quadro:

Tipo do piso	Forma	Preço do piso (em reais)
I	Quadrado de lado medindo 20 cm	15,00
II	Retângulo medindo 30 cm por 20 cm	20,00
III	Quadrado de lado medindo 25 cm	25,00
IV	Retângulo medindo 16 cm por 25 cm	20,00
V	Quadrado de lado medindo 40 cm	60,00

Levando-se em consideração que não há perda de material, dentre os pisos apresentados, aquele que implicará o menor custo para a colocação no referido espaço é o piso

a) I.

b) II.

c) III.

d) IV.

e) V.

13. (Enem) Um restaurante utiliza, para servir bebidas, bandejas com base quadradas. Todos os copos desse restaurante têm o formato representado na figura:

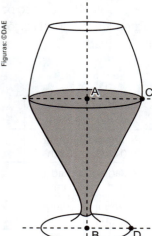

Considere que $\overline{AC} = \dfrac{7}{5}\overline{BD}$ e que ℓ é a medida de um dos lados da base da bandeja.

Qual deve ser o menor valor da razão $\dfrac{\ell}{BD}$ para que uma bandeja tenha capacidade de portar exatamente quatro copos de uma só vez?

a) 2   b) $\dfrac{14}{5}$ c) 4   d) $\dfrac{24}{5}$ e) $\dfrac{28}{5}$

14. (Enem) Durante seu treinamento, um atleta percorre metade de uma pista circular de raio R, conforme figura a seguir. A sua largada foi dada na posição representada pela letra L, a chegada está representada pela letra C e a letra A representa o atleta. O segmento LC é um diâmetro da circunferência e o centro da circunferência está representado pela letra F.

Sabemos que, em qualquer posição que o atleta esteja na pista, os segmentos LA e AC são perpendiculares. Seja θ o ângulo que o segmento AF faz com o segmento FC.

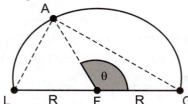

Quantos graus mede o ângulo θ quando o segmento AC medir R durante a corrida?

a) 15 graus
b) 30 graus
c) 60 graus
d) 90 graus
e) 120 graus

15. (Unicamp-SP) Um vulcão que entrou em erupção gerou uma nuvem de cinzas que atingiu rapidamente a cidade de Rio Grande, a 40 km de distância. Os voos com destino a cidades situadas em uma região circular com centro no vulcão e com raio 25% maior que a distância entre o vulcão e Rio Grande foram cancelados. Nesse caso, a área da região que deixou de receber voos é

a) maior que 10 000 km².
b) menor que 8 000 km².
c) maior que 8 000 km² e menor que 9 000 km².
d) maior que 9 000 km². e menor que 10 000 km².

FUNÇÕES

RELAÇÃO DE DEPENDÊNCIA ENTRE GRANDEZAS

CONCEITO DE FUNÇÃO; FUNÇÃO E CONJUNTOS

Dados dois conjuntos não vazios A e B, uma função f de A em B é uma forma de associar a cada elemento $x \in A$ um único elemento $y \in B$. A notação $f: A \rightarrow B$ é utilizada quando queremos representar que a função f associa elementos x de A com elementos y de B, conforme é indicado no diagrama:

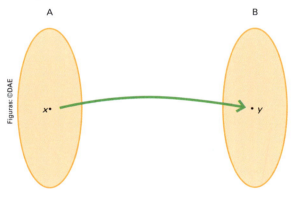

Uma função $f: A \rightarrow B$, conforme o diagrama acima, "transforma" o elemento $x \in A$ em um elemento $y \in B$. Essa transformação é representada por $y = f(x)$, que pode ser lida como, "y é uma função de x" ou "y é f de x". Nesse caso, x é chamado variável independente e y é chamado variável dependente de x.

Numa função $f: A \rightarrow B$, o conjunto A chama-se domínio da função e o conjunto B, contradomínio da função. Além disso, para cada $x \in A$, o elemento $y \in B$ chama-se imagem de x pela função f. Ao conjunto formado por todos os valores de y obtidos dá-se o nome de conjunto imagem da função.

Representamos por $D(f)$ o conjunto domínio da função f, por $CD(f)$ o conjunto contradomínio da função f e por $\text{Im}(f)$ o conjunto imagem da função.

INTRODUÇÃO À GEOMETRIA ANALÍTICA

SISTEMA DE COORDENADAS CARTESIANAS

Utilizando o sistema de coordenadas cartesianas, podemos associar a cada ponto do plano cartesiano um par ordenado de números reais que permitirá localizá-lo em relação aos eixos. O primeiro valor será a **abscissa** do ponto (valor de x) e o segundo valor será a **ordenada** do ponto (valor de y). A esse par de valores denominamos coordenadas do ponto.

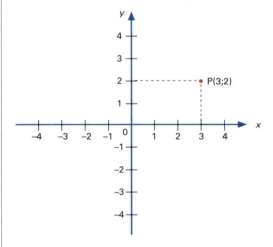

DISTÂNCIA ENTRE DOIS PONTOS

Considere dois pontos $P_1(x_1, y_1)$ e $P_2(x_2, y_2)$ representados no plano cartesiano.

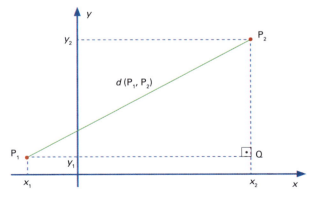

Observando o triângulo P_1QP_2 representado anteriormente e aplicando o Teorema de Pitágoras, temos que:

$$d(P_1, P_2) = \sqrt{(x_2 - x_1)^2 + (y_2 - y_1)^2}$$

Funções

GRÁFICO DE FUNÇÕES NO PLANO CARTESIANO

Observando que numa função genérica temos $y = f(x)$, isto é, o y depende do valor de x, o gráfico da correspondente função poderá ser construído atribuindo-se valores para a variável independente x e obtendo-se os valores da variável dependente y.

Exemplo:

Vamos esboçar o gráfico da função $f: \mathbb{R} \to \mathbb{R}$, cuja lei de formação é $y = f(x) = x^2 - 4$.

Iniciamos atribuindo valores à variável independente x e obtendo valores em correspondência para a variável dependente y, conforme tabela a seguir:

x	$y = f(x) = x^2 - 4$
0	$y = f(0) = 0^2 - 4 = -4$
1	$y = f(1) = 1^2 - 4 = -3$
−1	$y = f(-1) = (-1)^2 - 4 = -3$
2	$y = f(2) = 2^2 - 4 = 0$
−2	$y = f(-2) = (-2)^2 - 4 = 0$
3	$y = f(3) = 3^2 - 4 = 5$
−3	$y = f(-3) = (-3)^2 - 4 = 5$

Localizamos os pontos correspondentes no plano cartesiano e depois os ligamos convenientemente.

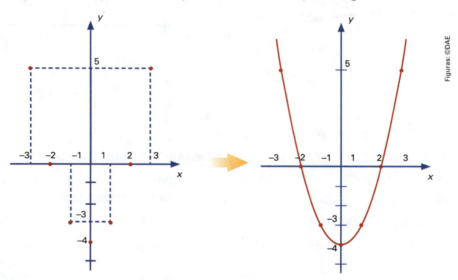

ASPECTOS IMPORTANTES EM GRÁFICOS E FUNÇÕES

- **Função crescente**

Uma função é crescente quando para todo x_1 e x_2 de seu domínio temos:

Se $x_1 < x_2$, então $f(x_1) < f(x_2)$.

- **Função decrescente**

Uma função é decrescente quando para todo x_1 e x_2 de seu domínio temos:

Se $x_1 < x_2$, então $f(x_1) > f(x_2)$.

- **Simetrias**

Numa função, se $f(-x) = f(x)$ para todo x em seu domínio, então f tem o gráfico simétrico em relação ao eixo das ordenadas. Nesse caso, dizemos que f é uma **função par**.

Numa função, se $f(-x) = -f(x)$ para todo x em seu domínio, então f tem o gráfico simétrico em relação à origem do sistema de coordenadas cartesianas. Nesse caso, dizemos que f é uma **função ímpar**.

FUNÇÃO AFIM

Uma função $f : \mathbb{R} \rightarrow \mathbb{R}$ chama-se função afim quando existem dois números reais a e b tal que $y = ax + b$ para todo $x \in \mathbb{R}$. No plano cartesiano o gráfico de uma função afim, com o domínio no conjunto dos números reais, é uma reta.

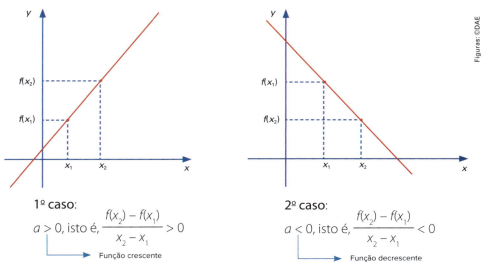

1º caso:
$a > 0$, isto é, $\dfrac{f(x_2) - f(x_1)}{x_2 - x_1} > 0$
Função crescente

2º caso:
$a < 0$, isto é, $\dfrac{f(x_2) - f(x_1)}{x_2 - x_1} < 0$
Função decrescente

FUNÇÃO QUADRÁTICA

Denomina-se função quadrática, ou função polinomial do 2º grau, qualquer função $f: \mathbb{R} \rightarrow \mathbb{R}$ dada por uma lei da forma $f(x) = ax^2 + bx + c$, em que a, b e c são números reais, com $a \neq 0$. No plano cartesiano, quando o domínio é o conjunto dos números reais, o gráfico é uma parábola. Conforme a concavidade e os zeros da função, temos as seguintes possibilidades quanto ao gráfico em relação ao eixo das abscissas:

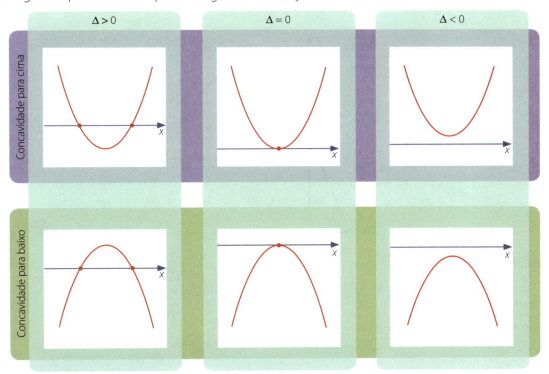

VÉRTICE DA PARÁBOLA

Sendo $f: \mathbb{R} \to \mathbb{R}$ uma função quadrática definida por $f(x) = ax^2 + bx + c$, o gráfico no plano cartesiano é uma parábola cujas coordenadas do vértice $V(x_V, y_V)$ podem ser obtidas por:

$$x_V = -\frac{b}{2a} \quad \text{e} \quad y_V = -\frac{\Delta}{4a}$$

Quando a concavidade é voltada para cima, o y_V representa o menor valor da imagem da função: esse valor é chamado **mínimo da função**.

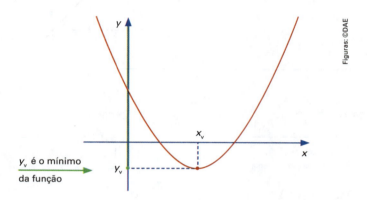

Quando a concavidade é voltada para baixo, o y_V representa o maior valor da imagem da função: esse valor é chamado **máximo da função**.

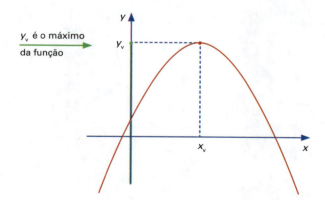

FORMA FATORADA

Dada a função quadrática $f: \mathbb{R} \to \mathbb{R}$ definida por $f(x) = ax^2 + bx + c$, sua forma fatorada é $f(x) = a(x - x_1)(x - x_2)$, sendo x_1 e x_2 os "zeros" da função.

Exercícios

EXERCÍCIOS RESOLVIDOS

1. (UPE) Um dos reservatórios d'água de um condomínio empresarial apresentou um vazamento a uma taxa constante, às 12 h do dia 1º de outubro. Às 12 h dos dias 11 e 19 do mesmo mês, os volumes d'água no reservatório eram, respectivamente, 315 mil litros e 279 mil litros. Dentre as alternativas seguintes, qual delas indica o dia em que o reservatório esvaziou totalmente?

a) 16 de dezembro

b) 17 de dezembro

c) 18 de dezembro

d) 19 de dezembro

e) 20 de dezembro

Vamos considerar que a função $V : \mathbb{N} \rightarrow \mathbb{R}$, definida por $V(t) = at + b$, seja tal que $V(t)$ represente o volume de água no reservatório, em milhares de litros, após t dias. Considerando que o gráfico de V passa pelos pontos $(11, 315)$ e $(19, 279)$, calculamos inicialmente a taxa de crescimento da função:

$$a = \frac{279 - 315}{19 - 11}$$

$$a = -\frac{9}{2}$$

Utilizando o ponto $(11, 315)$ na lei de formação, podemos determinar o valor de b:

$$V(11) = 315$$

$$-\frac{9}{2} \cdot 11 + b = 315$$

$$b = \frac{729}{2}$$

$$V(t) = -\frac{9}{2} \cdot t + \frac{729}{2}$$

Fazendo $V(t) = 0$, podemos obter o valor de t:

$$-\frac{9}{2} \cdot t + \frac{729}{2} = 0$$

$$-9t + 729 = 0$$

$$t = 81$$

Como $81 = 31 + 30 + 20$, pode-se concluir que o reservatório esvaziou totalmente no dia 20 de dezembro.

2. (FGV-SP) Uma loja vende semanalmente x relógios quando seu preço por unidade p, em reais, é expresso por $p = 600 - 10x$. A receita semanal de vendas desse produto é R\$ 5.000,00 para dois valores de p.

A soma desses valores é:

a) R\$ 400,00

b) R\$ 450,00

c) R\$ 500,00

d) R\$ 550,00

e) R\$ 600,00

A receita $R(x)$ da loja corresponde ao número de relógios vendidos multiplicado pelo preço unitário, ou seja:

$$R(x) = x \cdot (600 - 10x)$$

$$R(x) = 600x - 10x^2$$

Impondo a condição de a receita ser igual a 5000, temos:

$$5000 = 600x - 10x^2$$

$$10x^2 - 600x + 5000 = 0 \Rightarrow x = 10 \text{ ou } x = 50$$

Assim, temos dois valores para o preço p:

$$p(x) = 600 - 10x$$
$$p(10) = 600 - 10 \cdot 10 \Rightarrow p = 500$$
$$p(50) = 600 - 50 \cdot 10 \Rightarrow p = 100$$

A soma desses dois valores corresponde a R\$ 600,00.

3. (Enem) Existem no mercado chuveiros elétricos de diferentes potências, que representam consumos e custos diversos. A potência (P) de um chuveiro elétrico é dada pelo produto entre sua resistência elétrica (R) e o quadrado da corrente elétrica (i) que por ele circula. O consumo de energia elétrica (E), por sua vez, é diretamente proporcional à potência do aparelho.

Considerando as características apresentadas, qual dos gráficos a seguir representa a relação entre a energia consumida (E) por um chuveiro elétrico e a corrente elétrica (i) que circula por ele?

Exercícios **33**

a)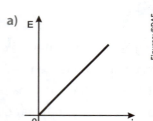

b)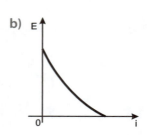

c)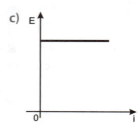

d)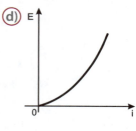

e)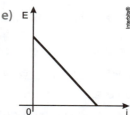

Conforme dados da situação, considerando k uma constante de proporcionalidade, podemos escrever:

$P = r \cdot i^2$ (I)

e

$P = k \cdot E$ (II)

Igualando (I) e (II):

$k \cdot E = r \cdot i^2$

$E = \dfrac{r \cdot i^2}{k}$

Assim, como r e kA são constantes reais, temos E em função de i, sendo que tal função é quadrática.

4. (Acafe-SC) Considere o retângulo da figura abaixo, com um lado contido na reta $s: x - 2 = 0$, o outro no eixo das abscissas e um vértice P na reta r que passa pelos pontos A(10, 0) e B(2, 8).

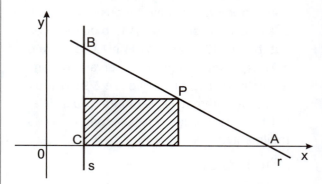

O valor da **área máxima** do retângulo hachurado, em unidades de área, equivale a:

a) quarta parte da área do triângulo ABC.

b) área de um retângulo cujo perímetro 20 u.c.

c) área de um quadrado de lado 4 u.c.

d) área de um quadrado de lado 6 u.c.

Inicialmente, vamos obter a lei de formação da função afim correspondente à reta que passa pelos pontos A e B:

$y = ax + b$

$\begin{cases} 0 = a \cdot 10 + b \\ 8 = a \cdot 2 + b \end{cases} \Rightarrow a = -1 \text{ e } b = 10$

$y = -x + 10$

No gráfico abaixo, consideramos as coordenadas dos pontos P(x, y) e C(2, 0).

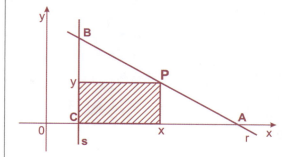

Em função de x, vamos obter a área A do retângulo hachurado:

$A = x \cdot y$

$A = (x - 2) \cdot (-x + 10)$

$A = -x^2 + 12x - 20$

Como a função é quadrática e o gráfico é uma parábola com a concavidade voltada para baixo, vamos determinar a área máxima:

$$A_{máxima} = y_v = -\frac{\Delta}{4a}$$

$$A_{máxima} = \frac{64}{4}$$

$$A_{máxima} = 16 \text{ u.a.}$$

Portanto, um quadrado de lado 4 u.c.

EXERCÍCIOS PROPOSTOS

1. (Uerj) Observe a função f, definida por:

$f(x) = x^2 - 2kx + 29$, para $x \in \mathbb{R}$

Se $f(x) \geq 4$, para todo número real x, o valor mínimo da função f é 4.

Assim, o valor positivo do parâmetro k é:

a) 5

b) 6

c) 10

d) 15

2. (PUC-SP) Para abastecer seu estoque, um comerciante comprou um lote de camisetas ao custo de 16 reais a unidade. Sabe-se que em um mês, no qual vendeu $(40 - x)$ unidades dessas camisetas ao preço unitário de x reais, o seu lucro foi máximo. Assim sendo, pela venda de tais camisetas nesse mês, o percentual de aumento repassado aos clientes, calculado sobre o preço unitário que o comerciante pagou na compra do lote, foi de:

a) 80%

b) 75%

c) 60%

d) 45%

3. (IFBA) Jorge planta tomates em uma área de sua fazenda, e resolveu diminuir a quantidade Q (em mil litros) de agrotóxicos em suas plantações, usando a lei $Q(t) = 7 + t^2 - 5t$, onde t representa o tempo, em meses, contado a partir de $t = 0$. Deste modo, é correto afirmar que a quantidade mínima de agrotóxicos usada foi atingida em:

a) 15 dias.

b) 1 mês e 15 dias.

c) 2 meses e 10 dias.

d) 2 meses e 15 dias.

e) 3 meses e 12 dias.

4. (Uece) No plano, com o sistema de coordenadas cartesianas usual, o gráfico da função $f: \mathbb{R} \rightarrow \mathbb{R}$ definida por $f(x) = x^2 + 2mx + 9$ é uma parábola que tangencia o eixo das abcissas, e um de seus pontos com ordenada igual a 9 tem abcissa negativa. Nessas condições, o valor do parâmetro m está entre

a) 1,5 e 2,5

b) 2,5 e 3,5

c) 3,5 e 4,5

d) 4,5 e 5,5

Exercícios 35

5. (UFRGS-RS) Considere as funções f e g, definidas respectivamente por $f(x) = 10x - x^2 - 9$ e $g(x) = 7$, representadas no mesmo sistema de coordenadas cartesianas. O gráfico da função g intercepta o gráfico da função f em dois pontos. O gráfico da função f intercepta o eixo das abscissas em dois pontos. A área do quadrilátero convexo com vértices nesses pontos é

a) 14.

b) 28.

c) 49.

d) 63.

e) 98.

6. (Uece) Em uma corrida de táxi, é cobrado um valor inicial fixo, chamado de bandeirada, mais uma quantia proporcional aos quilômetros percorridos. Se por uma corrida de 8 km pagam-se R$ 28,50 e por uma corrida de 5 km pagam-se R$ 19,50, então o valor da bandeirada é

a) R$ 7,50.   c) R$ 5,50.

b) R$ 6,50.   d) R$ 4,50.

7. (UFMS) De acordo com dados da UNEP – Programa das Nações Unidas para o Meio Ambiente, a emissão de gases do efeito estufa foi de 45 bilhões de toneladas de CO_2 em 2005 e de 49 bilhões de toneladas em 2010. Se as emissões continuarem crescendo no mesmo ritmo atual, a emissão projetada para 2020 é de 58 bilhões de toneladas. Porém, para garantir que a temperatura do planeta não suba mais que $2°C$ até 2020, a meta é reduzir as emissões para 44 bilhões de toneladas.

Suponha que a meta estabelecida para 2020 seja atingida e considere que Q e t representam, respectivamente, a quantidade de gases do efeito estufa (em bilhões de toneladas) e o tempo (em anos), com $t = 0$ correspondendo a 2010, com $t = 1$ correspondendo a 2011 e assim por diante, sendo Q uma função afim de t.

A expressão algébrica que relaciona essas quantidades é

a) $Q = -\dfrac{9}{10}t + 45.$

b) $Q = -\dfrac{1}{2}t + 49.$

c) $Q = -5t + 49.$

d) $Q = \dfrac{1}{2}t + 45.$

e) $Q = \dfrac{9}{10}t + 49.$

8. (Insper-SP) Um leitor enviou a uma revista a seguinte análise de um livro recém-lançado, de 400 páginas:

"O livro é eletrizante, muito envolvente mesmo! A cada página terminada, mais rápido eu lia a próxima! Não conseguia parar!"

Dentre os gráficos apresentados abaixo, o único que poderia representar o número de páginas lidas pelo leitor (N) em função do tempo (*t*) de modo a refletir corretamente a análise feita é

a)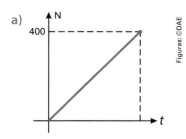

b)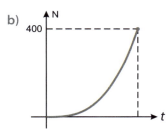

c)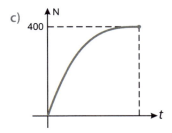

d)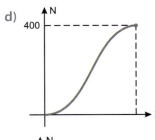

e)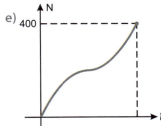

9. (UFRGS-RS) Um recipiente tem a forma de um cone com o vértice para baixo, como na figura a seguir.

Para encher de água esse recipiente, será aberta uma torneira com vazão constante de água.

Assinale o gráfico a seguir que melhor representa a altura *y* que a água atinge, no recipiente, em função do tempo *x*.

a)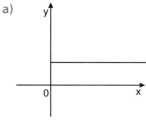

b)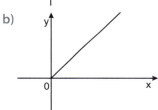

c)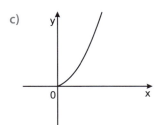

d)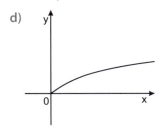

e)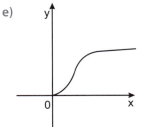

10. (IBMEC-RJ) Uma lanchonete vende, em média, 200 sanduíches por noite ao preço de R$ 6,00 cada um. O proprietário observa que, para cada R$ 0,10 que diminui no preço, a quantidade vendida aumenta em cerca de 20 sanduíches.

Considerando o custo de R$ 4,50 para produzir cada sanduíche, o preço de venda que dará o maior lucro ao proprietário é:

a) R$ 5,00
b) R$ 5,25
c) R$ 5,50
d) R$ 5,75
e) R$ 6,00

11. (Enem) O proprietário de uma casa de espetáculos observou que, colocando o valor da entrada a R$10,00, sempre contava com 1 000 pessoas a cada apresentação, faturando R$10.000,00 com a venda dos ingressos. Entretanto, percebeu também que, a partir de R$10,00, a cada R$2,00 que ele aumentava no valor da entrada, recebia para os espetáculos 40 pessoas a menos.
Nessas condições, considerando P o número de pessoas presentes em um determinado dia e F o faturamento com a venda dos ingressos, a expressão que relaciona o faturamento em função do número de pessoas é dada por:

a) $F = \dfrac{-P^2}{20} + 60P$

b) $F = \dfrac{P^2}{20} - 60P$

c) $F = -P^2 + 1200P$

d) $F = \dfrac{-P^2}{20} + 60$

e) $F = -P^2 - 1220P$

12. (Unesp-SP) A tabela indica o gasto de água, em m³ por minuto, de uma torneira (aberta), em função do quanto seu registro está aberto, em voltas, para duas posições do registro.

Abertura da torneira (volta)	Gasto de água por minuto (m³)
$\dfrac{1}{2}$	0,02
1	0,03

(www.sabesp.com.br. Adaptado.)

Sabe-se que o gráfico do gasto em função da abertura é uma reta, e que o gasto de água, por minuto, quando a torneira está totalmente aberta, é de 0,034 m³. Portanto, é correto afirmar que essa torneira estará totalmente aberta quando houver um giro no seu registro de abertura de 1 volta completa e mais

a) $\frac{1}{2}$ de volta.

b) $\frac{1}{5}$ de volta.

c) $\frac{2}{5}$ de volta.

d) $\frac{3}{4}$ de volta.

e) $\frac{1}{4}$ de volta.

13. (ESPM-SP) A parábola da figura abaixo representa o gráfico da função $f(x) = x^2 - 3x + 4$. O valor da área do retângulo sombreado é:

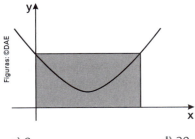

a) 8
b) 12
c) 16
d) 20
e) 24

14. (Enem) Um professor, depois de corrigir as provas de sua turma, percebeu que várias questões estavam muito difíceis. Para compensar, decidiu utilizar uma função polinomial f, de grau menor que 3, para alterar as notas x da prova para notas $y = f(x)$, da seguinte maneira:
– A nota zero permanece zero;
– A nota 10 permanece 10.
– A nota 5 passa a ser 6.

A expressão da função $y = f(x)$ a ser utilizada pelo professor é

a) $y = -\frac{1}{25}x^2 + \frac{7}{5}x$.

b) $y = -\frac{1}{10}x^2 + 2x$.

c) $y = \frac{1}{24}x^2 + \frac{7}{12}x$.

d) $y = \frac{4}{5}x + 2$.

e) $y = x$.

15. (UFSM-RS) Ao descartar detritos orgânicos nos lagos, o homem está contribuindo para a redução da quantidade de oxigênio destes. Porém, com o passar do tempo, a natureza vai restaurar a quantidade de oxigênio até o seu nível natural.

Suponha que a quantidade de oxigênio, t dias após os detritos orgânicos serem despejados no lago, é expressa por $f(t) = 100\left(\dfrac{t^2 - 20t + 198}{t^2 + 1}\right)$ por cento (%) de seu nível normal.

Se t_1 e t_2, com $t_1 < t_2$, representam o número de dias para que a quantidade de oxigênio seja 50% de seu nível normal, então $t_2 - t_1$ é igual a

a) $-4\sqrt{5}$.
b) $-2\sqrt{5}$.
c) $2\sqrt{5}$.
d) $4\sqrt{5}$.
e) 40.

TRIGONOMETRIA NO TRIÂNGULO

TRIGONOMETRIA NO TRIÂNGULO RETÂNGULO

As chamadas razões trigonométricas que nos interessam nesse estudo são: seno, cosseno e tangente de um ângulo agudo num triângulo retângulo.

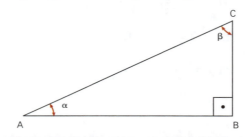

$$\operatorname{tg} \alpha = \frac{\text{medida do cateto oposto ao ângulo } \alpha}{\text{medida do cateto adjacente ao ângulo } \alpha}$$

$$\operatorname{sen} \alpha = \frac{\text{medida do cateto oposto ao ângulo } \alpha}{\text{medida da hipotenusa}}$$

$$\cos \alpha = \frac{\text{medida do cateto adjacente ao ângulo } \alpha}{\text{medida da hipotenusa}}$$

A tabela a seguir apresenta as razões trigonométricas para os arcos notáveis:

	30°	45°	60°
sen	$\frac{1}{2}$	$\frac{\sqrt{2}}{2}$	$\frac{\sqrt{3}}{2}$
cos	$\frac{\sqrt{3}}{2}$	$\frac{\sqrt{2}}{2}$	$\frac{1}{2}$
tg	$\frac{\sqrt{3}}{3}$	1	$\sqrt{3}$

TRIGONOMETRIA NO TRIÂNGULO QUALQUER

LEI DOS SENOS

Em qualquer triângulo ABC, as medidas dos lados são proporcionais aos senos dos ângulos opostos, ou seja:

$$\frac{a}{\operatorname{sen} A} = \frac{b}{\operatorname{sen} B} = \frac{c}{\operatorname{sen} C}$$

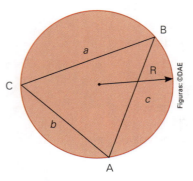

A Lei dos senos relaciona as medidas dos lados de um triângulo com os senos dos ângulos opostos a esses lados. Pode-se provar que a constante de proporcionalidade na correspondente proporção é igual ao dobro da medida do raio da circunferência que circunscreve esse triângulo, isto é:

$$\frac{a}{\operatorname{sen} A} = \frac{b}{\operatorname{sen} B} = \frac{c}{\operatorname{sen} C} = 2R$$

LEI DOS COSSENOS

Em qualquer triângulo ABC, o quadrado da medida de um lado é igual à soma dos quadrados das medidas dos outros dois lados menos duas vezes o produto das medidas desses lados pelo cosseno do ângulo que eles formam, isto é:

$$a^2 = b^2 + c^2 - 2bc \cdot \cos A$$
$$b^2 = a^2 + c^2 - 2ac \cdot \cos B$$
$$c^2 = a^2 + b^2 - 2ab \cdot \cos C$$

ÁREA DE UM TRIÂNGULO

A área de um triângulo pode ser calculada a partir das medidas de dois de seus lados e da medida do ângulo formado por esses dois lados. Assim, para os lados b e c e o ângulo A entre eles, temos:

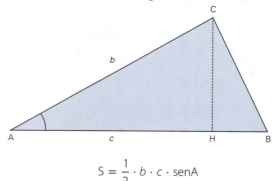

$$S = \frac{1}{2} \cdot b \cdot c \cdot \operatorname{sen} A$$

Exercícios

EXERCÍCIOS RESOLVIDOS

1. Uma escada rolante de 6 m de comprimento liga dois andares de uma grande indústria e tem inclinação de 30°. Determine, em metros, a distância (altura) entre estes dois andares, considerando que: sen 30° = 0,5, cos 30° = 0,87 e tg 30° = 0,58.

   A partir do enunciado, podemos fazer o seguinte esquema, sendo h a altura procurada.

   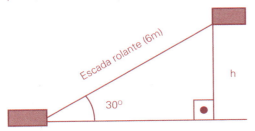

   Como o triângulo é retângulo e conhecemos a medida de um ângulo agudo, utilizamos a razão trigonométrica seno:

   $$\operatorname{sen} 30° = \frac{h}{6}$$
   $$0,5 = \frac{h}{6}$$
   $$h = 3$$

   Portanto, a altura entre esses dois andares é de 3 metros.

2. (Ifal) Num paralelogramo, cada ângulo agudo mede 30° e os lados que formam cada um desses ângulos medem $3\sqrt{3}$ cm e 5 cm. Calcule a medida da menor das diagonais desse paralelogramo.

   a) $\sqrt{6}$ cm
   b) $\sqrt{3}$ cm
   c) $3\sqrt{3}$ cm
   d) $\sqrt{7}$ cm
   e) $15\sqrt{3}$ cm

   A partir dos dados da situação apresentada, vamos considerar o seguinte triângulo construído no paralelogramo:

   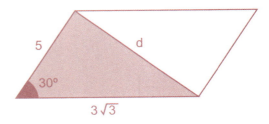

   Como precisamos determinar d, aplicamos a Lei dos cossenos:

   $$d^2 = 5^2 + (3\sqrt{3})^2 - 2 \cdot 5 \cdot 3\sqrt{3} \cdot \cos 30°$$
   $$d^2 = 25 + 27 - 30\sqrt{3} \cdot \frac{\sqrt{3}}{2}$$
   $$d^2 = 52 - 45$$
   $$d = \sqrt{7}$$

   Portanto, a menor diagonal mede $\sqrt{7}$ cm.

3. (Unioeste-PR) Uma construtora foi contratada para construir uma ponte. No projeto está previsto a construção, nas extremidades da ponte, de quatro colunas de concreto, de altura h, que servirão para fixar cabos de aço que sustentarão a ponte. Em cada coluna serão fixados, na extremidade superior, dois cabos de comprimentos A e B. A outra extremidade do cabo de comprimento A será fixada na ponte, a uma distância L da base da coluna, formando um ângulo a com a ponte. A outra extremidade do cabo de comprimento B também será fixada na ponte formando um ângulo b com a ponte, conforme a figura. A ponte será supostamente plana e as colunas de concreto serão construídas de modo a formar um ângulo de 90° com a ponte. É correto afirmar que a quantidade total de cabo a ser utilizado na construção da ponte é:

   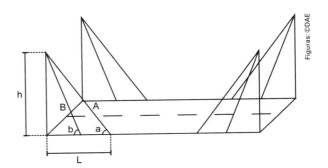

a) $4\left(\dfrac{h}{\text{sen}(b)} + \dfrac{L}{\text{sen}(a)}\right)$

b) $4\left(\dfrac{h}{\text{tg}(b)} + \dfrac{L}{\cos(a)}\right)$

c) $4\left(\dfrac{h}{\text{sen}(b)} + \dfrac{L}{\cos(a)}\right)$ ✓

d) $4\left(\dfrac{h}{\text{sen}(b)} + \dfrac{L}{\text{tg}(a)}\right)$

e) $4\left(\dfrac{h}{\text{tg}(b)} + \dfrac{L}{\text{tg}(a)}\right)$

Vamos considerar o seguinte triângulo retângulo:

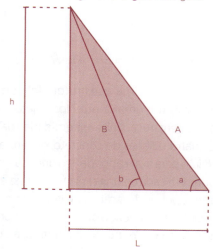

Aplicando as razões trigonométricas cosseno e seno para os ângulos indicados *a* e *b*, respectivamente, obtemos:

$\cos(a) = \dfrac{L}{A} \Rightarrow A = \dfrac{L}{\cos(a)}$ (I)

$\text{sen}(b) = \dfrac{h}{B} \Rightarrow B = \dfrac{h}{\text{sen}(b)}$ (II)

Assim, o comprimento total do cabo será *x*, tal que

$x = 4 \cdot (A + B)$

↓ (I) e (II)

$x = 4\left(\dfrac{L}{\cos(a)} + \dfrac{h}{\text{sen}(b)}\right)$

4. (Unesp-SP) Uma pessoa se encontra no ponto A de uma planície, às margens de um rio e vê, do outro lado do rio, o topo do mastro de uma bandeira, ponto B. Com o objetivo de determinar a altura *h* do mastro, ela anda, em linha reta, 50 m para a direita do ponto em que se encontrava e marca o ponto C. Sendo D o pé do mastro, avalia que os ângulos BÂC e BĈD valem 30°, e o AĈB vale 105°, como mostra a figura:

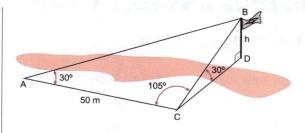

a) 12,5.

b) $12,5\sqrt{2}$. ✓

c) 25,0.

d) $25,0\sqrt{2}$.

e) 35,0.

Considerando o triângulo ABC conforme dados da situação, utilizamos a Lei dos senos para determina BC:

$\dfrac{50}{\text{sen}45°} = \dfrac{BC}{\text{sen}30°}$

$\dfrac{50}{\frac{\sqrt{2}}{2}} = \dfrac{BC}{\frac{1}{2}}$

$BC \cdot \sqrt{2} = 50$

$BC = 25\sqrt{2}$

Aplicando seno no triângulo retângulo BDC, podemos determinar *h*:

$\text{sen}30° = \dfrac{h}{25\sqrt{2}}$

$\dfrac{1}{2} = \dfrac{h}{25\sqrt{2}}$

$h = 12,5\sqrt{2}$

EXERCÍCIOS PROPOSTOS

1. (Cefet-MG) Um triângulo ABC, retângulo em Â possui o ângulo interno Ĉ maior que o ângulo interno B̂. De acordo com esses dados, é correto afirmar que

a) $\text{sen}\hat{B} < \cos\hat{C}$.

b) $\text{sen}\hat{B} < \cos\hat{B}$.

c) $\text{sen}\hat{C} < \cos\hat{C}$.

d) $\text{sen}\hat{C} < \cos\hat{B}$.

Caderno de revisão

2. (UFJS-MG) O teodolito é um instrumento de medida de ângulos bastante útil na topografia. Com ele, é possível determinar distâncias que não poderiam ser medidas diretamente. Para calcular a altura de um morro em relação a uma região plana no seu entorno, o topógrafo pode utilizar esse instrumento adotando o seguinte procedimento: situa o teodolito no ponto A e, mirando o ponto T no topo do morro, mede o ângulo de 30° com a horizontal; desloca o teodolito 160 metros em direção ao morro, colocando-o agora no ponto B, do qual, novamente mirando o ponto T, mede o ângulo de 60° com a horizontal.

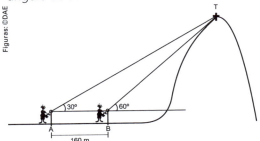

Se a altura do teodolito é de 1,5 metro, é correto afirmar que a altura do morro com relação à região plana à qual pertencem A e B é, em metros:

a) $80\sqrt{3} + 1,5$

b) $80\sqrt{3} - 1,5$

c) $\dfrac{160\sqrt{3}}{3} + 1,5$

d) $\dfrac{160\sqrt{3}}{3} - 1,5$

3. (Ifal) Considere um triângulo retângulo, cujas medidas dos catetos são 10 cm e $10\sqrt{3}$ cm. Assinale a alternativa errada.
Dados: sen 30° = 0,5, cos 45° = 0,707 e sen 60° = 0,866.

a) O seno do menor ângulo agudo é 0,707.
b) O cosseno do menor ângulo agudo é 0,866.
c) O seno do menor ângulo agudo é 0,5.
d) O maior ângulo agudo desse triângulo mede 60°.
e) O menor ângulo agudo desse triângulo mede 30°.

4. (PUC-SP) Abílio (A) e Gioconda (G) estão sobre uma superfície plana de uma mesma praia e, num dado instante, veem, sob respectivos ângulos de 30° e 45°, um pássaro (P) voando, conforme é representado na planificação abaixo.

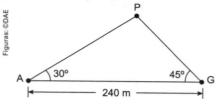

Considerando desprezíveis as medidas das alturas de Abílio e Gioconda e sabendo que, naquele instante, a distância entre A e G era de 240 m, então a quantos metros de altura o pássaro distava da superfície da praia?

a) $60(\sqrt{3}+1)$
b) $120(\sqrt{3}-1)$
c) $120(\sqrt{3}+1)$
d) $180(\sqrt{3}-1)$
e) $180(\sqrt{3}+1)$

foi construída uma rampa, ao lado da escada, com mesma inclinação, conforme mostra a foto a seguir.

Com o objetivo de verificar se a inclinação está de acordo com as normas recomendadas, um fiscal da Prefeitura fez a medição do ângulo que a rampa faz com o solo.

O valor encontrado pelo fiscal

a) estava entre 30° e 45°.
b) era menor que 30°.
c) foi exatamente 45°.
d) era maior que 45°.

5. (Ufrn) Numa escola, o acesso entre dois pisos desnivelados é feito por uma escada que tem quatro degraus, cada um medindo 24 cm de comprimento por 12 cm de altura. Para atender à política de acessibilidade do Governo Federal,

6. (Uepa) As construções de telhados em geral são feitas com um grau mínimo de inclinação em função do custo. Para as medidas do modelo de telhado representado a seguir, o valor do seno do ângulo agudo φ é dado por:

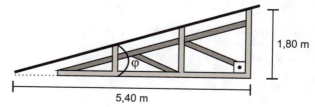

a) $\dfrac{4\sqrt{10}}{10}$

b) $\dfrac{3\sqrt{10}}{10}$

c) $\dfrac{2\sqrt{2}}{10}$

d) $\dfrac{\sqrt{10}}{10}$

e) $\dfrac{\sqrt{2}}{10}$

c) $\dfrac{16\sqrt{3}}{3}$ m

d) $\dfrac{8\sqrt{3}}{3}$ m

e) $\dfrac{\sqrt{3}}{3}$ m

8. Sabe-se que a diagonal menor de um paralelogramo divide um de seus ângulos internos em dois outros, um de medida β e o outro de medida 2β. Considerando a relação trigonométrica sen(2β) = 2senβcosβ, obtenha, em função de β, a razão entre as medidas do maior e o menor lado do paralelogramo, nesta ordem.

7. (UFJF- MG) Uma praça circular de raio R foi construída a partir da planta a seguir:

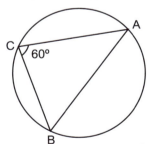

Os segmentos $\overline{AB}$, $\overline{BC}$ e $\overline{CA}$ simbolizam ciclovias construídas no interior da praça, sendo que $\overline{AB}$ = 80 m. De acordo com a planta e as informações dadas, é correto afirmar que a medida de R é igual a:

a) $\dfrac{160\sqrt{3}}{3}$ m

b) $\dfrac{80\sqrt{3}}{3}$ m

9. (Unesp-SP) No dia 11 de março de 2011, o Japão foi sacudido por terremoto com intensidade de 8,9 na Escala Richter, com o epicentro no Oceano Pacífico, a 360 km de Tóquio, seguido de tsunami. A cidade de Sendai, a 320 km a nordeste de Tóquio, foi atingida pela primeira onda do tsunami após 13 minutos.

O Estado de S.Paulo, 13.03.2011. Adaptado.

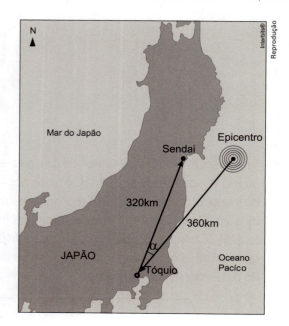

Baseando-se nos dados fornecidos e sabendo que $\cos\alpha \cong 0{,}934$, onde α é o ângulo Epicentro-Tóquio-Sendai, e que $2^8 \cdot 3^2 \cdot 93{,}4 \cong 215\,100$, a velocidade média, em km/h, com que a 1ª onda do tsunami atingiu até a cidade de Sendai foi de:

a) 10.
b) 50.
c) 100.
d) 250.
e) 600.

10. No triângulo estão representados três locais A, B e C, que são ligados por estradas em linha reta. Sabe-se que, seguindo por essas estradas, a distância entre os locais A e C é de 24 km e entre A e B é de 36 km.

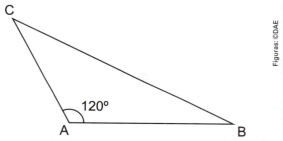

Assim, pode-se concluir que a distância entre B e C é igual a

a) $8\sqrt{17}$ km
b) $12\sqrt{19}$ km
c) $12\sqrt{23}$ km
d) $20\sqrt{15}$ km
e) $20\sqrt{13}$ km

11. (UFPR) Num projeto hidráulico, um cano com diâmetro externo de 6 cm será encaixado no vão triangular de uma superfície, como ilustra a figura abaixo. Que porção x da altura do cano permanecerá acima da superfície?

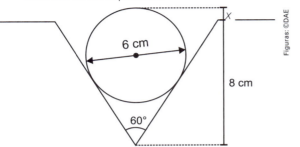

a) $\dfrac{1}{2}$ cm

b) 1 cm

c) $\dfrac{\sqrt{3}}{2}$ cm

d) $\dfrac{\pi}{2}$ cm

e) 2 cm

12. (UFSM-RS) A figura a seguir apresenta o delta do rio Jacuí, situado na região metropolitana de Porto Alegre. Nele se encontra o parque estadual Delta do Jacuí, importante parque de preservação ambiental. Sua proximidade com a região metropolitana torna-o suscetível aos impactos ambientais causados pela atividade humana.

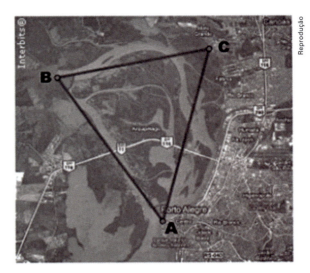

A distância do ponto B ao ponto C é de 8 km, o ângulo Â mede 45° e o ângulo Ĉ mede 75°. Uma maneira de estimar quanto do Delta do Jacuí está sob influência do meio urbano é dada pela distância do ponto A ao ponto C. Essa distância, em km, é

a) $\dfrac{8\sqrt{6}}{3}$

b) $4\sqrt{6}$

c) $8\sqrt{2} + \sqrt{3}$

d) $8(\sqrt{2} + \sqrt{3})$

e) $\dfrac{2\sqrt{6}}{3}$

13. (UFPB) A prefeitura de certa cidade vai construir, sobre um rio que corta essa cidade, uma ponte que deve ser reta e ligar dois pontos, A e B, localizados nas margens opostas do rio. Para medir a distância entre esses pontos, um topógrafo localizou um terceiro ponto,

C, distante 200 m do ponto A e na mesma margem do rio onde se encontra o ponto A. Usando um teodolito (instrumento de precisão para medir ângulos horizontais e ângulos verticais, muito empregado em trabalhos topográficos), o topógrafo observou que os ângulos BĈA e CÂB mediam, respectivamente, 30° e 105°, conforme ilustrado na figura a seguir.

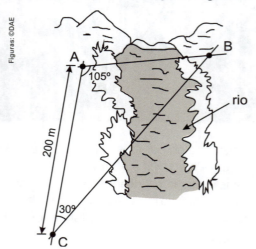

Com base nessas informações, é correto afirmar que a distância, em metros, do ponto A ao ponto B é de:

a) $200\sqrt{2}$
b) $180\sqrt{2}$
c) $150\sqrt{2}$
d) $100\sqrt{2}$
e) $50\sqrt{2}$

14. (UFRGS-RS) As medidas dos lados de um triângulo são proporcionais a 2, 2 e 1. Os cossenos de seus ângulos internos são, portanto,

a) $\dfrac{1}{8}, \dfrac{1}{8}, \dfrac{1}{2}$.

b) $\dfrac{1}{4}, \dfrac{1}{4}, \dfrac{1}{8}$.

c) $\dfrac{1}{4}, \dfrac{1}{4}, \dfrac{7}{8}$.

d) $\dfrac{1}{2}, \dfrac{1}{2}, \dfrac{1}{4}$.

e) $\dfrac{1}{2}, \dfrac{1}{2}, \dfrac{7}{8}$.

15. (Unesp-SP) A figura representa a vista superior do tampo plano e horizontal de uma mesa de bilhar retangular ABCD, com caçapas em A, B, C e D. O ponto P, localizado em $\overline{AB}$, representa a posição de uma bola de bilhar, sendo PB = 1,5 m e PA = 1,2 m. Após uma tacada na bola, ela se desloca em linha reta colidindo com $\overline{BC}$ no ponto T, sendo a medida do ângulo $P\hat{T}B$ igual a 60°. Após essa colisão, a bola segue, em trajetória reta, diretamente até a caçapa D.

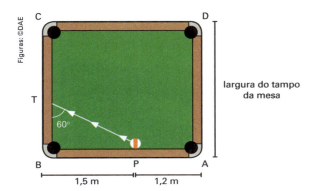

Nas condições descritas e adotando $\sqrt{3} = 1{,}73$, a largura do tampo da mesa, em metros, é próxima de

a) 2,42.
b) 2,08.
c) 2,28.
d) 2,00.
e) 2,56.

FUNÇÕES EXPONENCIAIS

POTENCIAÇÃO NOS REAIS

PROPRIEDADES DA POTENCIAÇÃO

No conjunto dos números reais, são válidas as seguintes propriedades de potenciação:

PROPRIEDADES	DESCRIÇÃO
$a^m \cdot a^n = a^{m+n}$	Na multiplicação de potências de mesma base, repetimos a base e adicionamos os expoentes.
$a^m : a^n = a^{m-n}$ $(a \neq 0)$	Na divisão de potências de mesma base não nula, repetimos a base e subtraímos os expoentes.
$(a \cdot b)^n = a^n \cdot b^n$	Na potenciação de um produto, elevamos cada fator desse produto ao expoente do produto.
$\left(\dfrac{a}{b}\right)^n = \dfrac{a^n}{b^n}$ $(b \neq 0)$	Na potenciação de um quociente, elevamos cada termo desse quociente ao expoente do quociente.
$(a^m)^n = a^{m \cdot n}$	Na potência de potência, repetimos a base e multiplicamos os expoentes.

NOTAÇÃO CIENTÍFICA

Um número escrito na forma $k \cdot 10^x$ está na notação científica se:

- k é um número real tal que $1 \leq k < 10$;

- x é um número inteiro.

FUNÇÃO EXPONENCIAL

Denomina-se função exponencial qualquer função $f : \mathbb{R} \rightarrow \mathbb{R}_+^*$ dada por uma lei da forma $f(x) = a^x$, em que a é um número real dado, sendo $a > 0$ e $a \neq 1$

Numa função exponencial $f : \mathbb{R} \rightarrow \mathbb{R}_+^*$ definida por $y = f(x) = a^x$, com $a > 0$ e $a \neq 1$, tem-se:

- **Domínio da função**: é o conjunto dos números reais, isto é, $D(f) = \mathbb{R}$:

- **Imagem da função**: é o conjunto dos números reais positivos, isto é, $\text{Im}(f) = \mathbb{R}_+^*$:

- Crescimento da função:

  Para $a > 1$ a função é crescente.

  Para $0 < a < 1$ a função é decrescente.

Exemplo:

O gráfico da função exponencial $f : \mathbb{R} \rightarrow \mathbb{R}_+^*$ definida por $y = f(x) = 2^x$ é:

x	$y = 2^x$
−4	$\frac{1}{16}$
−3	$\frac{1}{8}$
−2	$\frac{1}{4}$
−1	$\frac{1}{2}$
0	1
1	2
2	4
3	8
4	16

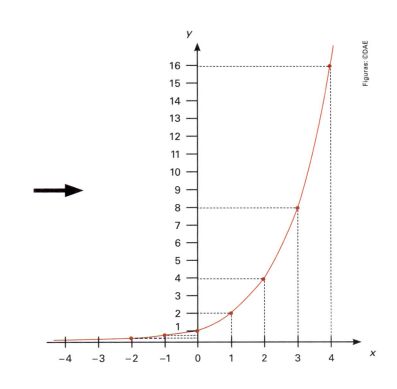

Exemplo:

O gráfico da função exponencial $f : \mathbb{R} \to \mathbb{R}_+^*$ definida por $y = f(x) = \left(\frac{1}{2}\right)^x$.

x	$y = \left(\frac{1}{2}\right)^x$
−4	16
−3	8
−2	4
−1	2
0	1
1	$\frac{1}{2}$
2	$\frac{1}{4}$
3	$\frac{1}{8}$
4	$\frac{1}{16}$

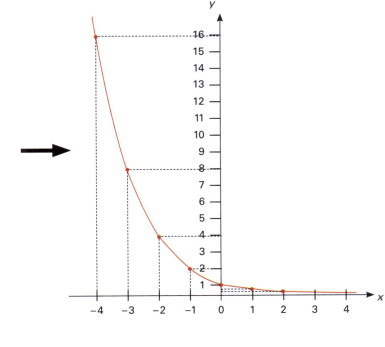

Funções exponenciais

EQUAÇÃO EXPONENCIAL

Como toda função exponencial $f(x) = a^x$, com $a > 0$ e $a \neq 1$, tem-se que:

$$f(x_1) = f(x_2) \Rightarrow a^{x_1} = a^{x_2} \Rightarrow x_1 = x_2$$

Esse resultado permite-nos o procedimento para a resolução de equações exponenciais.

INEQUAÇÃO EXPONENCIAL

- $a > 1$

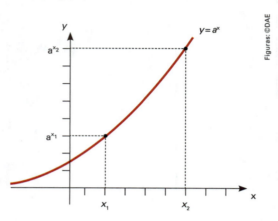

Pelo gráfico, podemos dizer que: quanto maior o valor de y, maior o valor de x (ou, de forma equivalente, quanto menor o valor de y menor o valor de x). Em símbolos:

$$a^{x_1} < a^{x_2} \Rightarrow x_1 < x_2$$

(o sentido da desigualdade se mantém)

- $0 < a < 1$

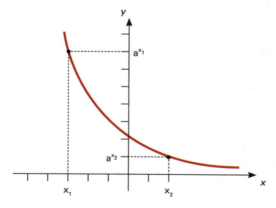

Pelo gráfico, podemos dizer que, quanto maior o valor de y, menor o valor de x (ou, de forma equivalente, quanto menor o valor de y maior o valor de x). Em símbolos:

$$a^{x_1} < a^{x_2} \Rightarrow x_1 > x_2$$

(o sentido da desigualdade se inverte)

Com base nessas duas observações, podemos resolver certas inequações exponenciais.

LOGARITMOS

DEFINIÇÃO

Dados os números reais positivos a e b, com $a \neq 1$, se $b = a^c$, o expoente c chama-se logaritmo de b na base a. Em símbolos:

$$\log_a b = c \Leftrightarrow a^c = b$$

com a e b positivos e $a \neq 1$.

Exponencial	Logarítmica
expoente ↑ $a^c = b$ → potência ↓ base	logaritmando ↑ $\log_a b = c$ → logaritmo ↓ base

Alguns resultados no cálculo de logaritmo são imediatos. São as chamadas **consequências da definição** de logaritmo. Consideradas as restrições quanto à existência de logaritmos, temos:

1ª consequência: $\log_a 1 = 0$

2ª consequência: $\log_a a = 1$

3ª consequência: $\log_a a^n = n$

4ª consequência: $a^{\log_a N} = N$

5ª consequência: $\log_a M = \log_a N \Leftrightarrow M = N$

LOGARITMO DO PRODUTO

Para os números reais $M > 0$, $N > 0$, $a > 0$ e $a \neq 1$, tem-se que:

$$\log_a (M \cdot N) = \log_a M + \log_a N$$

LOGARITMO DO QUOCIENTE

Para os números reais $M > 0$, $N > 0$, $a > 0$ e $a \neq 1$, tem-se que:

$$\log_a \left(\frac{M}{N}\right) = \log_a M - \log_a N$$

LOGARITMO DA POTÊNCIA

Sendo k um número real qualquer, para os números reais $M > 0$, $a > 0$ e $a \neq 1$, tem-se que:

$$\log_a M^k = k \cdot \log_a M$$

MUDANÇA DE BASE

Para os números reais $N > 0, a > 0, b > 0, a \neq 1$ e $b \neq 1$, temos que:

$$\log_b N = \frac{\log_a N}{\log_a b}$$

FUNÇÃO LOGARÍTMICA

Dado um número real $a > 0$ e $a \neq 1$, denomina-se a função $f: \mathbb{R}_+^* \to \mathbb{R}$ definida por $f(x) = \log_a x$ como **função logarítmica na base a**.

Exemplo:

Observe, no plano cartesiano abaixo, o gráfico da função $f: \mathbb{R}_+^* \to \mathbb{R}$ definida por $f(x) = \log_2 x$.

- Atribuindo valores para x e obtendo suas imagens:

x	$\frac{1}{8}$	$\frac{1}{4}$	$\frac{1}{2}$	1	2	4	8
$y = \log_2 x$	−3	−2	−1	0	1	2	3

- Localizando pontos e esboçando a curva:

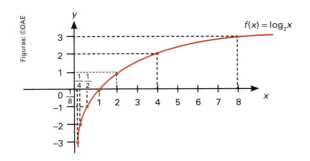

Exemplo:

Observe, no plano cartesiano abaixo, o gráfico da função $f: \mathbb{R}_+^* \to \mathbb{R}$ definida por $f(x) = \log_{\frac{1}{2}} x$.

- Atribuindo valores para x e obtendo suas imagens:

x	$\frac{1}{8}$	$\frac{1}{4}$	$\frac{1}{2}$	1	2	4	8
$y = \log_{\frac{1}{2}} x$	3	2	1	0	−1	−2	−3

- Localizando pontos e esboçando a curva:

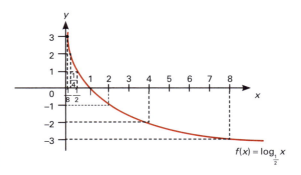

Uma função logarítmica $f(x) = \log_a x$ tem as seguintes características:

- $D(f) = \mathbb{R}_+^* \to$ conjunto **domínio** da função.

- $\text{Im}(f) = \mathbb{R} \to$ conjunto **imagem** da função.

- Crescimento:

Se $a > 1$, a função é crescente.

Se $0 < a < 1$, a função é decrescente.

Exercícios

EXERCÍCIOS RESOLVIDOS

1. Considerando que um ano-luz corresponde à distância percorrida pela luz em um ano, qual é a distância, **em metros**, percorrida pela luz em 2 anos, levando-se em consideração que um ano tem 365 dias e a velocidade da luz é igual a 300 000 km/h? Expresse a resposta na notação científica.

Considerando que d é a distância percorrida pela luz, temos:

$$d = V \cdot t$$
$$d = \left(\frac{300\,000\ km}{s}\right) \cdot (2\ anos)$$
$$d = \left(\frac{300\,000 \cdot 1000\ m}{s}\right) \cdot (2 \cdot 365 \cdot 24 \cdot 3600\ s)$$
$$d = 3 \cdot 10^5 \cdot 10^3 \cdot 2 \cdot 365 \cdot 24 \cdot 36 \cdot 10^2\ m$$
$$d = 1892\,160 \cdot 10^{10}\ m$$
$$d = 1,892\,160 \cdot 10^6 \cdot 10^{10}\ m$$
$$d \cong 1,89 \cdot 10^{16}\ m$$

2. (UFPR) A análise de uma aplicação financeira ao longo do tempo mostrou que a expressão $V(t) = 1000 \cdot 2^{0,0625 \cdot t}$ fornece uma boa aproximação do valor V (em reais) em função do tempo t (em anos), desde o início da aplicação. Depois de quantos anos o valor inicialmente investido dobrará?

a) 8.

b) 12.

(c) 16.

d) 24.

e) 32.

Vamos determinar o valor inicial, isto é, V para t = 0.

$$V(0) = 1000 \cdot 2^{0,0625 \cdot (0)}$$
$$V(0) = 1000 \cdot 2^0 \Rightarrow V(0) = 1000$$

Para determinar o tempo t para que o valor duplique, fazemos V = 2000.

$$2000 = 1000 \cdot 2^{0,0625 \cdot (t)}$$
$$2^{0,0625 \cdot (t)} = 2^1$$
$$0,0625 \cdot (t) = 1$$
$$t = 16$$

3. (Ufscar-SP) Um forno elétrico estava em pleno funcionamento quando ocorreu uma falha de energia elétrica, que durou algumas horas. A partir do instante em que ocorreu a falha, a temperatura no interior do forno pôde ser expressa pela função $T(t) = 2^t + 400 \cdot 2^{-t}$, com t em horas, $t \geq 0$ e a temperatura em graus Celsius.

a) Determine as temperaturas do forno no instante em que ocorreu a falha de energia elétrica e uma hora depois.

b) Quando a energia elétrica voltou, a temperatura no interior do forno era de 40 graus. Determine por quanto tempo houve falta de energia elétrica.

(use a aproximação $\log_2 5 = 2,3$)

a) Vamos considerar $t = 0$ e $t = 1$ para determinar as correspondentes temperaturas:

$$T(t) = 2^t + 400 \cdot 2^{-t}$$
$$T(0) = 2^0 + 400 \cdot 2^{-0} = 1 + 400 \cdot 1 \Rightarrow T(0) = 401\,^\circ C$$
$$T(1) = 2^1 + 400 \cdot 2^{-1} = 2 + 400 \cdot \frac{1}{2} \Rightarrow T(1) = 202\,^\circ C$$

b)

Substituímos T por 40 para determinar o valor de t:

$$40 = 2^t + 400 \cdot 2^{-t}$$
$$40 = 2^t + 400 \cdot \frac{1}{2^t}$$
$$40 \cdot 2^t = 2^{2t} + 400$$
$$2^{2t} - 40 \cdot 2^t + 400 = 0$$
$$2^t = \frac{40 \pm \sqrt{(-40)^2 - 4 \cdot 1 \cdot 400}}{2 \cdot 1}$$
$$2^t = \frac{40 \pm 0}{2}$$
$$2^t = 20$$

Resolvemos essa equação exponencial aplicando logaritmo na base 2 aos dois membros da igualdade:

$\log_2 2^t = \log_2 20$

$t \cdot \log_2 2 = \log_2 (2^2 \cdot 5)$

$t \cdot 1 = 2\log_2 2 + \log_2 5$

$t = 2 \cdot 1 + 2,3$

$t = 4,3\,h$

$t = 4\,h + 0,3 \cdot 60\,min \Rightarrow t = 4\,h\,18\,min$

4. (UFC-CE) Calcule o menor valor inteiro de n tal que $2^n > 5^{20}$, sabendo que $0,3 < \log_{10} 2 < 0,302$.

Considerando a desigualdade, aplicamos logaritmo decimal aos dois membros:

$2^n > 5^{20}$

$\log 2^n > \log 5^{20}$

$n \cdot \log 2 > 20 \cdot \log\left(\dfrac{10}{2}\right)$

$n \cdot \log 2 > 20 \cdot (\log 10 - \log 2)$

$n \cdot \log 2 > 20 \cdot (1 - \log 2)$

$n > \dfrac{20 \cdot (1 - \log 2)}{\log 2} \Leftrightarrow n > 20 \cdot \left(\dfrac{1}{\log 2} - 1\right)$

Conforme intervalo apresentado no enunciado, temos:

$20 \cdot \left(\dfrac{1}{\log 2} - 1\right) < 20 \cdot \left(\dfrac{1}{0,3} - 1\right) = 20 \cdot \left(\dfrac{10}{3} - 1\right) = \dfrac{140}{3} < 47$

e

$20 \cdot \left(\dfrac{1}{\log 2} - 1\right) > 20 \cdot \left(\dfrac{1}{0,302} - 1\right) = 20 \cdot \left(\dfrac{1\,000}{302} - 1\right) = \dfrac{6\,980}{151} > 46$

Portanto, o menor valor inteiro possível é 47.

EXERCÍCIOS PROPOSTOS

1. (UFPR) Considere o gráfico da função $f(x) = \log_2 x$ e a reta r que passa pelos pontos A e B, como indicado na figura abaixo, sendo k a abscissa do ponto em que a reta r intersecta o eixo Ox. Qual é o valor de k?

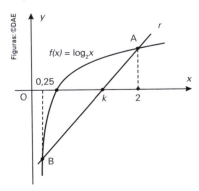

a) $\dfrac{17}{12}$

b) $\dfrac{14}{11}$

c) $\dfrac{12}{7}$

d) $\dfrac{11}{9}$

e) $\dfrac{7}{4}$

2. (UPE) Os técnicos de um laboratório observaram que uma população de certo tipo de bactérias cresce segundo a função $B(t) = 10^9 \cdot 4^{3t}$ com "t" sendo medido em horas. Qual o tempo necessário para que ocorra uma reprodução de $6,4 \cdot 10^{10}$ bactérias?

a) 1 h
b) 3 h
c) 4 h
d) 6 h
e) 16 h

3. (UPFRS) Se $24^{n+1} = 3^{n+1} \cdot 16$, então $\log_3 n$ é igual a:

a) -2
b) -1

c) $\dfrac{1}{2}$

d) 1

e) 2

4. (Uerj) Admita que a ordem de grandeza de uma medida x é uma potência de base 10, com expoente n inteiro, para $10^{n-\frac{1}{2}} \leq x < 10^{n+\frac{1}{2}}$.

Considere que um terremoto tenha liberado uma energia E, em joules, cujo valor numérico é tal que $\log_{10} E = 15,3$.

A ordem de grandeza de E, em joules, equivale a:

a) 10^{14}

b) 10^{15}

c) 10^{16}

d) 10^{17}

5. (Uece) Pode-se afirmar corretamente que a equação $\log_2(1 + x^4 + x^2) + \log_2(1 + 2x^2) = 0$

a) não admite raízes reais.

b) admite exatamente uma raiz real.

c) admite exatamente duas raízes reais, as quais são iguais.

d) admite exatamente quatro raízes reais.

6. (Fuvest-SP) De 1869 até hoje, ocorreram as seguintes mudanças de moeda no Brasil: (1) em 1942, foi criado o cruzeiro, cada cruzeiro valendo mil réis; (2) em 1967, foi criado o cruzeiro novo, cada cruzeiro novo valendo mil cruzeiros; em 1970, o cruzeiro novo voltou a se chamar apenas cruzeiro; (3) em 1986, foi criado o cruzado, cada cruzado valendo mil cruzeiros; (4) em 1989, foi criado o cruzado novo, cada um valendo mil cruzados; em 1990, o cruzado novo passou a se chamar novamente cruzeiro; (5) em 1993, foi criado o cruzeiro real, cada um valendo mil cruzeiros; (6) em 1994, foi criado o real, cada um valendo 2.750 cruzeiros reais.

Quando morreu, em 1869, Brás Cubas possuía 300 contos.

Se esse valor tivesse ficado até hoje em uma conta bancária, sem receber juros e sem pagar taxas, e se, a cada mudança de moeda, o depósito tivesse sido normalmente convertido para a nova moeda, o saldo hipotético dessa conta seria, aproximadamente, de um décimo de

 Dados:

 Um conto equivalia a um milhão de réis.

 Um bilhão é igual a 10^9 e um trilhão é igual a 10^{12}.

a) real.

b) milésimo de real.

c) milionésimo de real.

d) bilionésimo de real.

e) trilionésimo de real.

7. (Udesc) Seja x a solução real da equação $4^x + 2^{x+\frac{1}{2}} = \dfrac{3}{2}$. Localizando na reta real os valores de $m = x - \dfrac{1}{4}$, $n = 3\left(x + \dfrac{1}{10}\right)$ e $p = 2x + \dfrac{1}{8}$, torna-se correto afirmar que:

a) m e n são equidistantes de p.

b) m está situado entre n e p.

c) n está situado entre m e p.

d) p está situado entre n e m.

e) m, n e p estão todos situados à direita de x.

8. (Ifsul-RS) Considere a equação exponencial $2 \cdot 3^{x-4} = 150$. Sobre o valor de x, é verdade afirmar que

a) $x \in [4, 6[$

b) $x \in [6, 8[$

c) $x \in [8, 10[$

d) $x \in [10, 13[$

9. (PUC-RJ) Seja $x = \log_2 3 + \log_2 9 + \log_2 27$. Então, é correto afirmar que:

a) $6 \leq x \leq 7$

b) $7 \leq x \leq 8$

c) $8 \leq x \leq 9$

d) $9 \leq x \leq 10$

e) $x \geq 10$

10. (PUC-PR) Suponha que a vazão de água de um caminhão de bombeiros se dá pela expressão $V(t) = V_0 \cdot 2^{-t}$, em que V_0 é o volume inicial de água contido no caminhão e t é o tempo de escoamento em horas. Qual é, aproximadamente, utilizando uma casa decimal, o tempo de escoamento necessário para que o volume de água escoado seja 10% do volume inicial contido no caminhão? (utilize: $\log 2 \cong 0{,}03$.)

a) 3 h e 30 min.

b) 3 h e 12 min.

c) 3 h e 18 min.

d) 2 h e 15 min.

e) 2 h e 12 min.

Exercícios 57

11. (UFRGS-RS) Atribuindo para log 2 o valor 0,3, então o valor de $100^{0,3}$ é

a) 3.

b) 4.

c) 8.

d) 10.

e) 33.

12. (Uece) A soma das raízes reais da equação $3 \cdot \log_2 |x| + 5 \cdot \log_4 x^2 - 32 = 0$ é igual a

a) 0.

b) 15.

c) 16.

d) 32.

13. (ESPM-SP) O valor de x na equação $4^x + 2 \cdot 8^x = 2^x$ é:

a) irracional.

b) racional não inteiro positivo.

c) racional não inteiro negativo.

d) racional inteiro positivo.

e) racional inteiro negativo.

14. (Unicastelo-SP) A função que relaciona a altura h, em metros, de uma pessoa sentada (distância entre o topo da cabeça e o solo) e sua massa (M), em quilogramas, é dada por $\log_{10} M = 2 + 3 \cdot \log_{10} h$. Sabendo que $\log_{10} 3 = 0,47$ e utilizando a seguinte tabela,

x	$-0,2$	$-0,02$	$-0,002$
10^x	0,63	0,95	0,99

pode-se concluir que a altura, em cm, de uma pessoa sentada, cuja massa é de 90 kg, será de

a) 82.

b) 86.

c) 90.

d) 95.

e) 99.

15. (UFMG) Numa calculadora científica, ao se digitar um número positivo qualquer e, em seguida, se apertar a tecla log, aparece, no visor, o logaritmo decimal do número inicialmente digitado. Digita-se o número 10 000 nessa calculadora e, logo após, aperta-se, N vezes, a tecla log, até aparecer um número negativo no visor.

Então, é correto afirmar que o número N é igual a

a) 2.

b) 3.

c) 4.

d) 5.

58   Caderno de revisão

SEQUÊNCIAS NUMÉRICAS

SEQUÊNCIAS

SEQUÊNCIA FINITA

Uma sequência finita de n termos é uma função cujo domínio é $\{1, 2, 3, ..., n\}$. Os elementos do conjunto imagem são indicados por

$$a_1 = f(1), a_2 = f(2), a_3 = f(3), ..., a_n = f(n)$$

SEQUÊNCIA INFINITA:

Uma sequência infinita é uma função cujo domínio é $\mathbb{N}^*$. Os elementos do conjunto imagem são indicados por

$$a_1 = f(1), a_2 = f(2), a_3 = f(3), ..., a_n = f(n), ...$$

Numa sequência numérica, o contradomínio é o conjunto dos números reais.

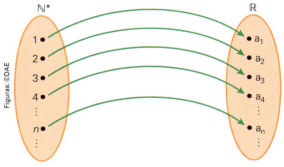

No diagrama, está representada uma sequência infinita. Assim, todos os elementos do domínio estariam relacionados com algum elemento do contradomínio.

DETERMINAÇÃO DE UMA SEQUÊNCIA

A determinação de uma sequência pode ser por:

- Fórmula de recorrência:

É formada por duas regras: a primeira, que identifica o primeiro termo da sequência, e a segunda, que permite calcular cada termo a partir do termo anterior.

Exemplo:

A sequência numérica definida por

$$\begin{cases} a_1 = 10 \\ a_n = a_{n-1} - 2 \end{cases}, \text{ para } n \in \mathbb{N}, n \geq 2$$

Como conhecemos o primeiro termo podemos obter os demais termos a partir dele, fazendo:

$n = 2 \rightarrow a_2 = a_1 - 2 = 10 - 2 = 8$

$n = 3 \rightarrow a_3 = a_2 - 2 = 8 - 2 = 6$

$n = 4 \rightarrow a_4 = a_3 - 2 = 6 - 2 = 4$

$n = 5 \rightarrow a_5 = a_4 - 2 = 4 - 2 = 2$

$\vdots$

Portanto, temos a sequência $(10, 8, 6, 4, 2, ...)$.

- Por meio de uma propriedade

Essa forma de determinar uma sequência ocorre caracterizando uma propriedade de seus termos.

Exemplo:

Sequência crescente formada por números naturais que são primos.

$(2, 3, 5, 7, 11, 13, 17, 19, 23, 29, ...)$ ↳ sequência dos números naturais primos

PROGRESSÃO ARITMÉTICA

DEFINIÇÃO

Progressão aritmética é toda sequência numérica na qual cada termo, a partir do segundo, é igual ao termo anterior adicionado a uma constante. Essa constante é chamada **razão** da progressão.

CRESCIMENTO E PROPRIEDADE

De acordo com a razão r, podemos classificar as progressões aritméticas da seguinte maneira:

- Se $r > 0$, a progressão aritmética é crescente;
- Se $r < 0$, a progressão aritmética é decrescente;
- Se $r = 0$, a progressão aritmética é constante.

Quando consideramos três termos consecutivos em progressão aritmética, o termo do meio é a média aritmética dos outros dois. Assim, considerando, por exemplo, a progressão aritmética (..., a, b, c, ...), temos:

$$b - a = c - b$$

$$2b = a + c \Rightarrow b = \frac{a + c}{2}$$

TERMO GERAL DA PROGRESSÃO ARITMÉTICA

Há uma relação matemática que permite calcular qualquer termo de uma progressão aritmética (P.A.) conhecendo-se apenas o primeiro termo e a razão. Essa relação é chamada fórmula do termo geral da P.A.

$$a_n = a_1 + (n - 1) \cdot r$$

SOMA DOS TERMOS DE UMA PROGRESSÃO ARITMÉTICA

Em qualquer progressão aritmética finita, os termos equidistantes dos extremos têm a mesma soma que a soma dos termos extremos. Com base nesse resultado, obtém-se a fórmula da soma dos n termos de uma progressão aritmética.

A soma dos n primeiros termos de uma progressão aritmética finita pode ser calculada pela relação

$$S_n = \left(\frac{a_1 + a_n}{2} \right) \cdot n$$

sendo n o número de termos, a_1 o primeiro termo e a_n o último termo dessa sequência.

PROGRESSÃO GEOMÉTRICA

DEFINIÇÃO

Progressão geométrica é toda sequência numérica de termos não nulos, na qual cada termo, a partir do segundo, é igual ao termo anterior multiplicado por uma constante. Essa constante é chamada **razão** da progressão.

CRESCIMENTO E PROPRIEDADE

Quanto ao crescimento de uma progressão geométrica, temos as seguintes possibilidades: crescente, decrescente, estacionária (constante) ou oscilante. Quando consideramos três termos consecutivos em progressão geométrica, o termo do meio é, em módulo, a média geométrica dos outros dois.

TERMO GERAL DA PROGRESSÃO GEOMÉTRICA

Há uma relação matemática que permite calcular qualquer termo de uma progressão geométrica (P.G.) conhecendo-se apenas o primeiro termo e a razão. Essa relação é chamada fórmula do termo geral da P.G.

$$a_n = a_1 \cdot q^{n-1}$$

SOMA DOS TERMOS DE UMA PROGRESSÃO GEOMÉTRICA

A soma dos n termos de uma progressão geométrica finita, com razão diferente de 1 ($q \neq 1$) é:

$$S_n = \frac{a_n \cdot q - a_1}{q - 1}$$

A soma dos n termos de uma progressão geométrica finita, de razão igual a 1 ($q = 1$) e primeiro termo a_1 é:

$$S_n = n \cdot a_1$$

LIMITE DA SOMA DOS TERMOS

Numa progressão geométrica em que o **número de termos tende ao infinito** e o último termo tende a zero, o limite da soma de seus termos é dado por

$$S = \frac{a_1}{1 - q}$$

sendo a_1 o primeiro termo e q a razão da progressão geométrica.

Exercícios

EXERCÍCIOS RESOLVIDOS

1. Quando num local de reuniões juntam-se mesas e cadeiras, elas podem ficar dispostas como nas figuras a seguir:

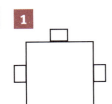
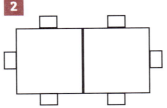
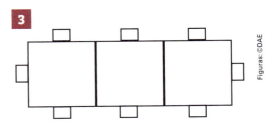

Calcule o número de cadeiras, assim dispostas, necessárias para juntar 50 mesas.

Observando a sequência de mesas, é possível obtermos uma progressão aritmética em que o número de termos n é igual ao número de mesas e a quantidade de cadeiras correspondente ao valor de cada termo é:

Figura 1: $a_1 = 4$

Figura 2: $a_2 = 6$

Figura 3: $a_3 = 8$

P.A. de razão igual a 2.

Como queremos o número de cadeiras ao juntarmos 50 mesas, queremos o 50º termo dessa sequência:

$$a_n = a_1 + (n-1) \cdot r$$
$$a_{50} = 4 + (50-1) \cdot 2$$
$$a_{50} = 102$$

Portanto, 102 cadeiras são necessárias para juntarmos 50 mesas.

2. (PUC-RJ) A soma dos números inteiros compreendidos entre 100 e 400, que possuem o algarismo das unidades igual a 4, é:

a) 1 200

b) 2 560

c) 4 980

d) 6 420

e) 7 470

Conforme o enunciado, os números inteiros entre 100 e 400, que possuem o algarismo das unidades igual a 4, formam a seguinte P.A.:

(104, 114, 124, 134, ..., 384, 394)

Para calcularmos a soma dos termos dessa sequência, precisamos determinar a quantidade de seus termos:

$a_n = a_1 + (n-1) \cdot r$
$394 = 104 + (n-1) \cdot 10$
$290 = (n-1) \cdot 10$
$29 = n - 1 \Rightarrow n = 30$

Utilizando a relação que permite o cálculo da soma dos termos da progressão aritmética, temos:

$$S_n = \left(\frac{a_1 + a_n}{2}\right) \cdot n$$
$$S_{30} = \left(\frac{104 + 394}{2}\right) \cdot 30$$
$$S_{30} = 7470$$

Portanto, a soma dos números é igual a 7 470.

3. (Ifsul-RS) Dada a equação $x + \frac{x}{4} + \frac{x}{16} + ... = 16$, o valor de x que a satisfaz é

a) 12

b) 16

c) 24

d) 36

O primeiro membro da equação apresentada representa a soma de termos em progressão geométrica de razão igual a $\frac{1}{4}$. No segundo membro, temos o limite da soma dos infinitos termos dessa sequência.

$$S = \frac{a_1}{1-q}$$
$$16 = \frac{x}{1-\frac{1}{4}}$$
$$16\left(1 - \frac{1}{4}\right) = x$$
$$16 - 4 = x \Rightarrow x = 12$$

Assim, a solução da equação é 12.

4. (EsPCex-SP) Considere o seguinte procedimento: em uma circunferência de diâmetro 2R, inscreve-se um hexágono regular para, em seguida, inscrever neste polígono uma segunda circunferência. Tomando esta nova circunferência, o processo é repetido gerando uma terceira circunferência. Caso esse procedimento seja repetido infinitas vezes, a soma dos raios de todas as circunferências envolvidas nesse processo será igual a:

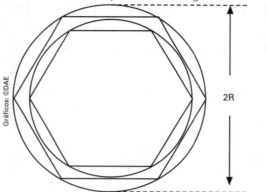

a) $2R\left(1 + \dfrac{\sqrt{3}}{2}\right)$

b) $4R\left(1 + \dfrac{\sqrt{3}}{2}\right)$

c) $4R\left(1 + \dfrac{\sqrt{3}}{4}\right)$

d) $R(2 + \sqrt{3})$

e) $2R\left(1 + \dfrac{\sqrt{3}}{4}\right)$

Inicialmente é necessário estabelecermos a relação entre a medida do raio r da circunferência inscrita e a medida do raio R da circunferência circunscrita ao hexágono regular. Assim, conforme figura a seguir, temos:

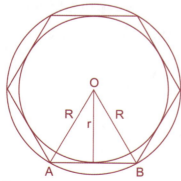

$r = \dfrac{R\sqrt{3}}{2}$ → (altura do triângulo equilátero de raio R)

As medidas dos raios das circunferências estão em progressão geométrica, com infinitos termos, e com razão q, sendo:

$$\left(R, \dfrac{R\sqrt{3}}{2}, \dfrac{3R}{4}, ...\right) \rightarrow PG : q = \dfrac{\sqrt{3}}{2}$$

Utilizando a fórmula do limite da soma dos termos da PG, temos:

$S = \dfrac{a_1}{1-q}$

$S = \dfrac{R}{1 - \dfrac{\sqrt{3}}{2}}$

$S = \dfrac{R}{\left(1 - \dfrac{\sqrt{3}}{2}\right)} \cdot \dfrac{\left(1 + \dfrac{\sqrt{3}}{2}\right)}{\left(1 + \dfrac{\sqrt{3}}{2}\right)}$

$S = \dfrac{R \cdot \left(1 + \dfrac{\sqrt{3}}{2}\right)}{\dfrac{1}{4}}$

$S = 4R \cdot \left(1 + \dfrac{\sqrt{3}}{2}\right)$

EXERCÍCIOS PROPOSTOS

1. (UFJF-MG) Uma artesã fabricou um tapete bicolor formado por quadrados concêntricos. Ela começou com um quadrado preto de lado a centímetros. Em seguida, costurou tecido branco em volta do preto de forma a ter um quadrado de lado $2a$ concêntrico ao inicial. Continuou o processo alternando tecido preto e branco, conforme a figura abaixo:

Sabendo que ela terminou o tapete na 50ª etapa, qual foi a área, em centímetros quadrados, de tecido preto utilizada?

a) $625a^2$

b) $750a^2$

c) $1225a^2$

d) $1250a^2$

e) $2500a^2$

2. (Unesp-SP) A figura indica o padrão de uma sequência de grades, feitas com vigas idênticas, que estão dispostas em posição horizontal e vertical. Cada viga tem 0,5 m de comprimento. O padrão da sequência se mantém até a última grade, que é feita com o total de 136,5 metros lineares de vigas.

O comprimento do total de vigas necessárias para fazer a sequência completa de grades, em metros, foi de

a) 4 877.
b) 4 640.
c) 4 726.
d) 5 195.
e) 5 162.

3. (IFPE) Na fabricação de mesas de reunião, uma fábrica trabalha com vários modelos e tamanhos. As mesas redondas são todas acompanhadas com uma certa quantidade de poltronas a depender do tamanho da mesa, conforme a figura abaixo:

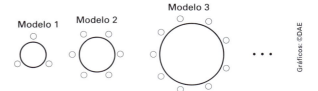

O primeiro modelo acompanha 3 poltronas, o segundo modelo acompanha 6 poltronas, o terceiro, 9 poltronas e assim sucessivamente, isto é, sempre um modelo de mesa acompanha 3 poltronas a mais em relação ao modelo anterior. Um cliente adquiriu uma unidade de cada um dos 10 primeiros modelos de mesa circular.

Como todo patrimônio da sua empresa é identificado a partir de uma etiqueta adesiva, quantos adesivos devem ser confeccionados para que cada uma das mesas e poltronas adquiridas seja devidamente etiquetada?

a) 165
b) 175
c) 30
d) 40
e) 10

4. (Uerj) Admita a seguinte sequência numérica para o número natural n:

$$a_1 = \frac{1}{3} \text{ e } a_n = a_{n-1} + 3$$

Sendo $2 \leq n \leq 10$, os dez elementos dessa sequência, em que $a_1 = \frac{1}{3}$ e $a_{10} = \frac{82}{3}$, são:

$$\left(\frac{1}{3}, \frac{10}{3}, \frac{19}{3}, \frac{28}{3}, \frac{37}{3}, a_6, a_7, a_8, a_9, \frac{82}{3} \right).$$

A média aritmética dos quatro últimos elementos da sequência é igual a:

a) $\dfrac{238}{12}$

b) $\dfrac{137}{6}$

c) $\dfrac{219}{4}$

d) $\dfrac{657}{9}$

5. (Uema) As equipes A e B de uma gincana escolar devem recolher livros na vizinhança para montar uma biblioteca comunitária. O juiz da competição começou a fazer anotações das quantidades de livros trazidos a cada rodada pelas duas equipes e verificou um padrão de crescimento, conforme a tabela 1. A cada rodada, o juiz também avalia o total de livros colocados nas estantes de cada equipe, como mostrado na tabela 2, a seguir.

Tabela 1		
ARRECADAÇÃO		
Rodada	Equipe A	Equipe B
1	06	16
2	10	18
3	14	20
4		
⋮	⋮	⋮

Tabela 2		
TOTAL NA ESTANTE		
Rodada	Equipe A	Equipe B
1	06	16
2	16	34
3	30	54
4		
⋮	⋮	⋮

O número de rodadas necessárias para que as duas equipes disponham da mesma quantidade total de livros nas estantes é

a) 05.

b) 06.

c) 09.

d) 10.

e) 11.

6. (UFRGS-RS) Considere a sequência de números binários 101, 1010101, 10101010101, 101010101010101... .

A soma de todos os algarismos dos 20 primeiros termos dessa sequência é

a) 52.

b) 105.

c) 210.

d) 420.

e) 840.

Caderno de revisão

7. (PUC-SP) Seja o triângulo equilátero T_1 cujo lado mede x cm. Unindo-se os pontos médios dos lados de T_1, obtém-se um novo triângulo equilátero T_2; unindo-se os pontos médios dos lados do triângulo T_2, obtém-se um novo triângulo equilátero T_3; e, assim, sucessivamente. Nessas condições, se a área do triângulo T_9 é igual a $\dfrac{25\sqrt{3}}{64}$ cm^2, então x é igual a:

a) 640

b) 520

c) 440

d) 320

8. (Uece) Seja $x_1, x_2, x_3, \ldots,$ uma progressão geométrica cuja razão é o número real positivo q. Se $x_5 = 24q$ e $x_5 + x_6 = 90$, então, o termo x_1 desta progressão é um número

a) inteiro.

b) racional maior do que 7,1.

c) irracional maior do que 7,1.

d) racional menor do que 7,0.

TEXTO PARA A PRÓXIMA QUESTÃO:

Considere a área de uma folha de papel A4, com 297 mm de comprimento e 210 mm de largura. Dobrando ao meio a folha de papel por sucessivas vezes, são formados retângulos cada vez menores. A tabela a seguir relaciona as medidas e a área dos retângulos obtidos a cada dobragem.

Nº de dobragens	1	2	3	4
Largura (mm)	148,5	105	74,25	52,5
Comprimento (mm)	210	148,5	105	74,25
Área (mm²)	31 185	15 592,5	7 796,25	3 898,125

9. (UPF-RS) Considerando os dados da tabela referentes à área do retângulo obtido a cada dobragem, observamos que essas medidas formam uma progressão geométrica. Realizando o processo de dobragem infinitas vezes, o valor da soma das áreas dos sucessivos retângulos formados a cada dobragem é:

a) 120 842 mm^2.

b) 60 421 mm^2.

c) 62 370 mm^2

d) 31 185 mm^2.

e) 124 740 mm^2.

10. (PUC-RJ) Os números $a_1 = 5x - 5$, $a_2 = x + 14$ e $a_3 = 6x - 3$ estão em PA. A soma dos 3 números é igual a:

a) 48
b) 54
c) 72
d) 125
e) 130

11. (ESPM-SP) A sequência $(x, y, x \cdot y)$ é uma progressão geométrica estritamente crescente. Se acrescentarmos uma unidade ao termo central, ela se torna uma progressão aritmética. A soma das razões dessas duas sequências é:

a) 4
b) 7
c) 5
d) 8
e) 3

12. (Uece) Para qual valor do número inteiro positivo n a igualdade $\dfrac{1 + 3 + 5 + \ldots + 2n - 1}{2 + 4 + 6 + \ldots + 2n} = \dfrac{2014}{2015}$ é satisfeita?

a) 2016.
b) 2015.
c) 2014.
d) 2013.

13. (Fatec-SP) Observe a sequência de figuras.

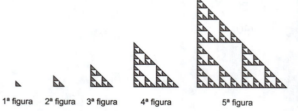

1ª figura   2ª figura   3ª figura   4ª figura   5ª figura

A primeira figura é um triângulo retângulo cinza. A partir da segunda, cada nova figura foi obtida por uma composição, utilizando a figura imediatamente anterior na sequência, seguindo sempre o mesmo critério. Nessas condições, o número de triângulos brancos da oitava figura, independentemente do tamanho deles, é

a) 121.
b) 364.
c) 1 093.
d) 3 280.
e) 9 841.

14. (Uern) O nono termo de uma progressão geométrica A, de razão q, é 1 792 e seu quarto termo é 56. Dessa forma, o quarto termo de outra progressão geométrica, *B*, com razão q + 1 e cujo primeiro termo é igual ao primeiro termo da progressão *A*, é

a) 189.

b) 243.

c) 729.

d) 946.

15. (PUC-MG) Depois de percorrer um comprimento de arco de 7m, uma criança deixa de empurrar o balanço em que está brincando e aguarda até o balanço parar completamente. Se o atrito diminui a velocidade do balanço de modo que o comprimento de arco percorrido seja sempre igual a 80% ao do anterior, a distância total percorrida pela criança, até que o balanço pare completamente, é dada pela expressão $D = 7 + 0,80 \times 7 + 0,80 \times (0,80 \times 7) + \ldots$

Considerando-se que o segundo membro dessa igualdade é a soma dos termos de uma progressão geométrica, é correto estimar que o valor de D, em metros, é igual a:

a) 28

b) 35

c) 42

d) 49

Suryara Bernardi

MATEMÁTICA FINANCEIRA

PROPORÇÃO E PORCENTAGEM

PROPORCIONALIDADE

Propriedade

Numa proporção, o "produto dos extremos" é igual ao "produto dos termos meios", isto é:

$$\text{Se } \frac{a}{b} = \frac{c}{d}, \text{ então } a \cdot d = b \cdot c$$

Números diretamente proporcionais

Se os números reais não nulos a, b, c, ..., n são diretamente proporcionais aos números a', b', c', ..., n', nessa ordem, temos que:

$$\frac{a}{a'} = \frac{b}{b'} = \frac{c}{c'} = ... = \frac{n}{n'} = \frac{a + b + c + ... + n}{a' + b' + c' + ... + n'} = k$$

Sendo k a constante de proporcionalidade.

Números inversamente proporcionais

Dizemos que os números reais não nulos a, b, c, ..., n são inversamente proporcionais aos números a', b', c', ..., n', nessa ordem, quando são diretamente proporcionais aos números $\frac{1}{a'}, \frac{1}{b'}, \frac{1}{c'}, ..., \frac{1}{n'}$, ou seja:

$$\frac{a}{\frac{1}{a'}} = \frac{b}{\frac{1}{b'}} = \frac{c}{\frac{1}{c'}} = ... = \frac{n}{\frac{1}{n'}}$$

ou seja

$$a \cdot a' = b \cdot b' = c \cdot c' = ... = n \cdot n'$$

Porcentagem

Observe as diferentes formas de escrever uma porcentagem:

$$15\% = \frac{15}{100} = 0{,}15$$

→ forma decimal

→ forma de fração decimal

→ porcentagem

AUMENTOS E DESCONTOS

De um modo geral, quando queremos comparar dois valores de uma mesma grandeza V (V_i = valor inicial; V_f = valor final), dividimos o valor final pelo inicial. Conforme o resultado dessa divisão, podemos obter:

$$\frac{V_f}{V_i} = 1 \text{ (não houve variação)}$$

$$\frac{V_f}{V_i} > 1 \text{ (houve aumento)}$$

$$\frac{V_f}{V_i} < 1 \text{ (houve redução)}$$

JUROS SIMPLES

No esquema abaixo, temos as denominações dos termos associados à aplicação financeira na modalidade de juros simples. Utilizamos como exemplo um capital de R$ 4.000,00 reais aplicado a uma taxa de 1% durante 1 mês:

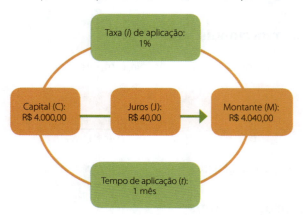

O montante M gerado por um capital C aplicado na modalidade juros simples, durante *t* períodos, à taxa fixa *i* por período é dado por:

$$M = C \cdot (1 + i \cdot t)$$

JUROS COMPOSTOS

O montante M de um capital C aplicado a uma taxa fixa *i*, ao longo de *t* períodos, a um regime de juros compostos, pode ser calculado pela relação:

$$M_t = C \cdot (1+i)^t$$

Sendo *i* e *t* na mesma unidade de tempo.

Observações:

1. No sistema de juros compostos, os acréscimos sobre o capital C são sucessivos com taxas de acréscimos iguais (taxa fixa *i*). Assim, poderíamos escrever a fórmula para o cálculo do montante da seguinte maneira:

$$M_t = C \cdot \underbrace{(1+i) \cdot (1+i) \cdot (1+i) \cdot \ldots \cdot (1+i)}_{t \text{ vezes}}$$

2. Considerando que as taxas de acréscimos são $i_1, i_2, i_3, \ldots, i_t$ (não necessariamente iguais), essa relação corresponde a:

$$M_t = C \cdot (1+i_1) \cdot (1+i_2) \cdot (1+i_3) \cdot \ldots \cdot (1+i_t)$$

Exercícios

EXERCÍCIOS RESOLVIDOS

1. (FGV-SP) Em três bimestres consecutivos, um indivíduo obteve reajustes salariais de 20% por bimestre. Seu aumento acumulado no semestre foi de:

a) 60%

b) 68,4%

c) 72,8%

d) 78,2%

e) 81,4%

Vamos considerar que S representa o salário inicial, S_1, S_2 e S_3 os salários após os reajustes no 1º, 2º e 3º bimestres, respectivamente. Assim, teremos:

$$S_1 = \frac{120}{100} \cdot S$$

$$S_2 = \frac{120}{100} \cdot S_1 = \frac{120}{100} \cdot \left(\frac{120}{100} \cdot S \right)$$

$$S_3 = \frac{120}{100} \cdot S_2 = \frac{120}{100} \cdot \left(\frac{120}{100} \cdot \frac{120}{100} \cdot S \right)$$

Efetuando a última multiplicação, vem:

$$S_3 = \frac{1728}{1000} \cdot S = \frac{172,8}{100} \cdot S$$

$$S_3 = \frac{100}{100} \cdot S + \frac{72,8}{100} \cdot S$$

Portanto, foi a um aumento de 72,8%.

2. (Unicamp-SP) O IPVA de um carro, cujo valor era de R$ 8.400,00, era de 3% do valor do carro e podia ser pago de uma das seguintes formas:

a) À vista, no dia 15/01/96, com um desconto de 5%. Qual seria o valor a ser pago nesse caso?

b) Em três parcelas iguais (sem desconto), sendo a primeira em 15/01/96, a segunda em 14/02/96 e a terceira em 14/03/96. Qual seria o valor de cada parcela nesse caso?

a) Calculamos inicialmente o valor correspondente a 3% do valor do carro:

$$3\% \text{ de } R\$\,8.400,00 = \frac{3}{100} \cdot R\$\,8.400,00 = R\$\,252,00$$

Como haverá um desconto de 5% sobre o valor calculado, o valor a ser pago corresponderá a 95% do valor obtido:

$$\frac{95}{100} \cdot R\$\,252,00 = R\$\,239,40$$

b) O valor de cada parcela corresponde a $\frac{1}{3}$ do valor que seria pago sem desconto, isto é, R$ 252,00. Assim, teremos:

$$\frac{1}{3} \cdot R\$\,252,00 = R\$\,84,00$$

3. (Uneb-BA) Um investidor fez uma aplicação a juros simples de 10% mensal. Depois de dois meses, retirou capital e juros e os reaplicou a juros compostos de 20% mensal, por mais dois meses e, no final do prazo, recebeu R$ 1.728,00. Pode-se afirmar que o capital inicial aplicado foi de

a) R$ 1.000,00

b) R$ 1.120,00

c) R$ 1.144,00

d) R$ 1.100,00

e) R$ 1.200,00

Sendo C o capital aplicado, em dois meses o montante M_a resultante (juros simples) é igual a:

$$M_a = C + 2 \cdot 0,10 \cdot C$$

$$M_a = 1,20 \cdot C$$

Calculamos agora o montante M_b para a segunda aplicação (juros compostos):

$$M_b = 1,20 \cdot C \cdot (1 + 0,20)^2$$

$$M_b = 1,20 \cdot C \cdot 1,44$$

$$M_b = 1,728 \cdot C$$

Igualamos esse valor ao de R$ 1.728,00 para obtermos o capital inicial:

$$1,728 \cdot C = 1728$$

$$C = \frac{1728}{1,728} \Rightarrow C = 1000$$

4. (PUC-SP) Para abastecer seu estoque, um comerciante comprou um lote de camisetas ao custo de 16 reais a unidade. Sabe-se que em um mês, no qual vendeu $(40 - x)$ unidades dessas camisetas ao preço unitário de x reais, o seu lucro foi máximo. Assim sendo, pela venda de tais camisetas nesse mês, o percentual de aumento repassado aos clientes, calculado sobre o preço unitário que o comerciante pagou na compra do lote foi de:

Exercícios **71**

a) 80%
b) 75%
c) 60% ✓
d) 45%

Vamos determinar a função que fornece a receita R, isto é, multiplicando o preço unitário pela quantidade:

$R(x) = (40 - x) \cdot x$

$R(x) = -x^2 + 40x$

O lucro é o valor de venda (receita) menos o custo:

$L(x) = R(x) - C(x)$

$L(x) = -x^2 + 40x - 16 \cdot (40 - x)$

$L(x) = -x^2 + 56x - 640$

O lucro máximo ocorre para x correspondente ao vértice da parábola (gráfico dessa função):

$x = -\dfrac{b}{2a}$

$x = -\dfrac{56}{2 \cdot (-1)} \Rightarrow x = 28$

Considerando que 28 − 16 = 12, podemos calcular o percentual correspondente para saber o aumento repassado:

$p = \dfrac{28 - 16}{16}$

$p = \dfrac{12}{16} = 0,75$

O percentual de aumento repassado aos clientes foi de 75%.

EXERCÍCIOS PROPOSTOS

1. (Enem) O contribuinte que vende mais de R$ 20 mil de ações em Bolsa de Valores em um mês deverá pagar Imposto de Renda. O pagamento para a Receita Federal consistirá em 15% do lucro obtido com a venda das ações.

Disponível em: www1.folha.uol.com.br. Acesso em: 26 abr. 2010 (adaptado).

Um contribuinte que vende por R$ 34 mil um lote de ações que custou R$ 26 mil terá de pagar de Imposto de Renda à Receita Federal o valor de

a) R$ 900,00.
b) R$ 1.200,00.
c) R$ 2.100,00.
d) R$ 3.900,00.
e) R$ 5.100,00.

2. (Enem) Uma enquete, realizada em março de 2010, perguntava aos internautas se eles acreditavam que as atividades humanas provocam o aquecimento global. Eram três as alternativas possíveis e 279 internautas responderam à enquete, como mostra o gráfico.

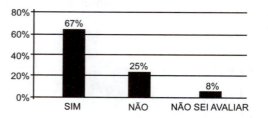

ÉPOCA. Ed. 619, 29 mar. 2010 (adaptado).

Analisando os dados do gráfico, quantos internautas responderam "não" à enquete?

a) Menos de 23.
b) Mais de 23 e menos de 25.
c) Mais de 50 e menos de 75.
d) Mais de 100 e menos de 190.
e) Mais de 200.

3. (FGV-SP) Aumentando a base de um triângulo em 10% e reduzindo a altura relativa a essa base 10%, a área do triângulo

a) aumenta em 1%.
b) aumenta em 0,5%.
c) diminui 0,5%.
d) diminui em 1%.
e) não se altera.

4. (UFRJ) Certo consumidor foi a um restaurante em que podia servir-se à vontade de comida, pagando o preço fixo de R$ 8,00; as bebidas, porém, servidas pelo garçom, eram cobradas à parte. Na hora de pagar a conta, constatou que lhe cobravam 10% de taxa de serviço sobre o total de sua despesa. Considerando que só as bebidas lhe foram servidas pelo garçom, pagou sua despesa incluindo a taxa de 10% somente sobre seu gasto com bebidas. Qual a diferença entre a importância que lhe cobraram e a efetivamente paga?

5. (PUC-SP) Em uma indústria é fabricado certo produto ao custo de R$ 9,00 a unidade. O proprietário anuncia a venda desse produto ao preço unitário de X reais, para que possa, ainda que dando ao comprador um desconto de 10% sobre o preço anunciado, obter um lucro de 40% sobre o preço unitário de custo. Nessas condições, o valor de X é:

a) 24

b) 18

c) 16

d) 14

e) 12

6. (Fuvest-SP) Um comerciante deu um desconto de 20% sobre o preço de venda de uma mercadoria e, mesmo assim, conseguiu um lucro de 20% sobre o preço que pagou pela mesma. Se o desconto não fosse dado, seu lucro, em porcentagem, seria:

a) 40%

b) 45%

c) 50%

d) 55%

e) 60%

7. (Vunesp-SP) Uma instituição bancária oferece um rendimento de 15% ao ano para depósitos feitos numa certa modalidade de aplicação financeira. Um cliente deste banco deposita 1 000 reais nessa aplicação. Ao final de n anos, o capital que esse cliente terá em reais, relativo a esse depósito, é

a) $1\,000 + 0,15n$.

b) $1\,000 \times 0,15n$.

c) $1\,000 \times 0,15n$.

d) $1\,000 + 1,15n$.

e) $1\,000 \times 1,15^n$.

8. (Uneb-BA) Duas pessoas fizeram um empréstimo de uma mesma quantia por dois meses, nas seguintes condições:

• A primeira, a juros compostos de 2% ao mês.

• A segunda, a juros simples de x% ao mês.

Sabendo-se que, ao quitar a dívida, as duas pagaram o mesmo valor, conclui-se que x é igual a:

01) 2,01

02) 2,02

03) 2,20

04) 4,04

05) 4,40

Exercícios 73

9. (Udesc) Um terreno foi comprado por R$ 120.000,00. Pretendendo-se ganhar 25% de lucro sobre o preço de venda calcule o valor que o terreno deve ser vendido.

10. (UEFS-BA) Dois revendedores A e B, que já vinham dando um desconto de R$ 1.500,00 no preço X de determinado tipo de carro, resolveram dar mais um desconto, de 18%, e calcularam os novos preços da seguinte forma:

A passou a dar, sobre **X**, o desconto de R$ 1500,00, seguido do desconto de 18%, resultando em X_A.

B passou a dar, sobre **X**, o desconto de 18%, seguido do desconto de R$1500,00, resultando em X_B.

Com base nessas informações, pode-se concluir:

a) $X_A - X_B = R\$ 270,00$

b) $X_A - X_B = R\$ 320,00$

c) $X_B - X_A = R\$ 270,00$

d) $X_B - X_A = R\$ 320,00$

e) $X_A = X_B$

11. (Ufam) Chama-se montante a quantia M que uma pessoa deve receber após aplicar um capital C, a juros compostos, a uma taxa i durante o tempo n. O cálculo do montante pode ser calculado pela expressão matemática $M = C(1 + i)^n$. Se a quantia de R$ 10.000,00 foi aplicada a uma taxa de 2% ao mês a juros compostos, qual será o montante ao final de um trimestre?

a) R$ 10.012,08

b) R$ 10.412,08

c) R$ 10.602,08

d) R$ 10.612,08

e) R$ 11.612,08

12. (UFG-GO) As ações de uma empresa sofreram uma desvalorização de 30% em 2011. Não levando em conta a inflação, para recuperar essas perdas em 2012, voltando ao valor que tinha no início de 2011, as ações precisam ter uma valorização de, aproximadamente,

a) 30%

b) 33%

c) 43%

d) 50%

e) 70%

13. (UFT-TO) Uma pessoa vai a uma loja comprar um aparelho celular e encontra o aparelho que deseja adquirir com duas opções de compra: à vista com 10% de desconto; ou em duas parcelas iguais e sem desconto, sendo a primeira parcela no ato da compra e a outra um mês após. Com base nos dados de oferta deste aparelho celular, pode-se afirmar que a loja trabalha com uma taxa mensal de juros de:

a) 0%

b) 1%

c) 5%

d) 10%

e) 25%

14. (FGV-SP) De acordo com matéria da revista *The Economist* divulgada em 2014, o Brasil tem o quinto Big Mac mais caro do mundo, ao preço de US$ 5,86. A mesma matéria aponta o preço do Big Mac nos EUA (US$ 4,80) como décimo quarto mais caro do mundo. Se usássemos o preço do Big Mac nos EUA (em US$) como referência de preço, então o preço do Big Mac no Brasil (em US$) supera o dos EUA em, aproximadamente

a) 22%

b) 18%

c) 16%

d) 12%

e) 6%

15. (Unesp-SP) O Ministério da Saúde e os estados brasileiros investigaram 3 670 casos suspeitos de microcefalia em todo o país. O boletim de 02 de fevereiro aponta que, desse total, 404 tiveram confirmação de microcefalia ou de outras alterações do sistema central, e outros 709 casos foram descartados. Anteriormente, no boletim de 23 de janeiro, havia 732 casos investigados e classificados como confirmados ou como descartados.

(https://agencia.fiocruz.br.Adaptado.)

De acordo com os dados do texto, do boletim de 23 de janeiro para o de 02 de fevereiro, o aumento no número de casos classificados, como confirmados ou como descartados, foi de, aproximadamente,

a) 52%

b) 30%

c) 66%

d) 48%

e) 28%

TRIGONOMETRIA

TRIGONOMETRIA NA CIRCUNFERÊNCIA

ARCOS E ÂNGULOS

A todo arco numa circunferência podemos associar um ângulo com o vértice no centro dessa circunferência. Para determinarmos esse ângulo, denominado ângulo central, traçamos as semirretas OA e OB ($\overrightarrow{OB}$ e $\overrightarrow{OA}$):

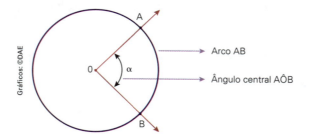

A medida de um arco de circunferência é a medida do ângulo central correspondente.

UNIDADES DE MEDIDA DE ARCOS

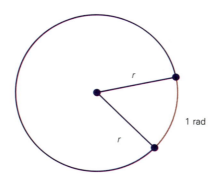

Um arco de medida 1 radiano (1 rad) corresponde a um arco cujo comprimento é igual ao raio da circunferência que o contém.

Como em uma volta completa o ângulo central é 360º, temos que, em radianos, esse ângulo será 2π rad. Além disso, temos alguns ângulos de forma imediata correspondentes aos arcos em vermelho traçados a seguir:

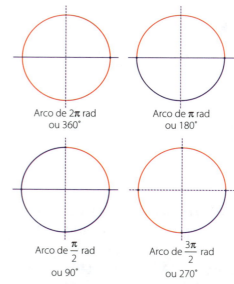

Arco de 2π rad ou 360°

Arco de π rad ou 180°

Arco de $\dfrac{\pi}{2}$ rad ou 90°

Arco de $\dfrac{3\pi}{2}$ rad ou 270°

Um procedimento que permite obter o comprimento ℓ de um arco cuja medida do ângulo central é α radianos, isto é:

$$\ell = \alpha \cdot r$$

ou

$$\alpha = \dfrac{\ell}{r}$$

CIRCUNFERÊNCIA TRIGONOMÉTRICA

A circunferência de centro da origem do sistema de coordenadas cartesianas ortogonais com raio unitário, na qual escolhemos um ponto de origem dos arcos e um sentido de percurso, é chamada **circunferência trigonométrica**.

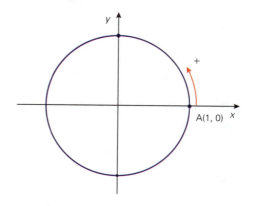

ARCOS CÔNGRUOS

Dois arcos numa circunferência trigonométrica são côngruos quando suas medidas diferem de um múltiplo de 360° ou 2π rad.

Para um arco de medida $\alpha°$, todos os arcos côngruos a ele podem ser representados pela expressão $\alpha° + k \cdot 360°$, $k \in \mathbb{Z}$. Para um arco de medida α rad, os arcos côngruos são representados pela expressão $\alpha + k \cdot 2\pi$, $K \in \mathbb{Z}$.

Quando $k = 0$ na expressão geral de arcos, obtemos o arco de medida α (em graus ou em radianos). Se esse arco é tal que $0° \leq \alpha° < 360°$ ou $0 \leq \alpha < 2\pi$, dizemos que é a **primeira determinação positiva**.

SENO E COSSENO DE UM ARCO

Associamos a cada arco um valor para o seno e um valor para o cosseno. Esses dois valores são as coordenadas da extremidade do arco (ponto P). A abscissa será o cosseno do arco e a ordenada, o seno do arco:

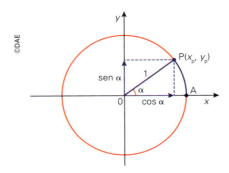

$\cos \alpha = x_p \longrightarrow$ Abscissa do ponto P

$\text{sen } \alpha = y_p \longrightarrow$ Ordenada do ponto P

- Como o seno é uma ordenada, o sinal do seno é o sinal da ordenada do ponto correspondente à extremidade do arco.
- Como o cosseno é uma abscissa, o sinal do cosseno é o sinal da abscissa do ponto correspondente à extremidade do arco.
- Para seno e cosseno, temos os seguintes valores:

	0°	90°	180°	270°
sen	0	1	0	−1
cos	1	0	−1	0

$-1 \leq \text{sen } \alpha \leq 1$
$-1 \leq \cos \alpha \leq 1$

SIMETRIA

Ao associarmos o seno e o cosseno de um arco numa circunferência trigonométrica com as coordenadas da extremidade desse arco, podemos também ampliar o cálculo dessas razões trigonométricas (seno e cosseno) desses arcos notáveis. Assim, é possível relacioná-los com outros arcos nos demais quadrantes como sugere a figura:

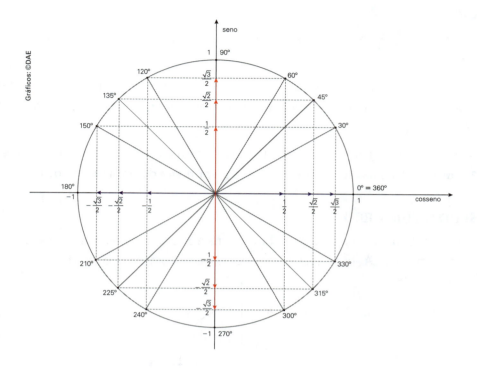

FUNÇÃO SENO E FUNÇÃO COSSENO

Denominamos de **função seno** a função $f: \mathbb{R} \to \mathbb{R}$, que associa a cada número real x o número real sen x, isto é, $f(x) = $ sen x. Como a função seno é definida no conjunto dos números reais, o gráfico no plano cartesiano é:

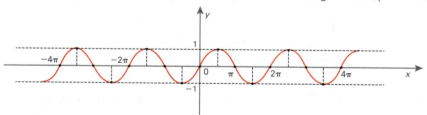

Denominamos de **função cosseno** a função $f: \mathbb{R} \to \mathbb{R}$, que associa a cada número real x o número real cos x, isto é, $f(x) = $ cos x. Como a função cosseno é definida no conjunto dos números reais, o gráfico no plano cartesiano é:

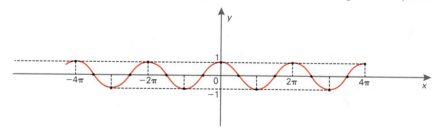

Sobre as funções trigonométricas seno e cosseno, temos:

- Função periódica – as funções seno e cosseno são periódicas de período $P = 2\pi$.
- Domínio – como para qualquer arco real x associamos sen x e cos x, temos que o domínio é real, isto é, $D(f) = \mathbb{R}$.
- Imagem – o conjunto imagem é formado pelos valores possíveis para sen x e cos x, isto é, Im $(f) = [-1,1]$.
- Paridade – a função seno é ímpar, pois sen $(-x) = -$sen x; e a função cosseno é par, pois cos $(-x) = $ cos x.

RELAÇÕES TRIGONOMÉTRICAS

Numa circunferência trigonométrica, a partir da definição de seno e de cosseno de um arco, são válidas as seguintes relações trigonométricas:

$\text{sen}^2 x + \cos^2 x = 1$

$\text{tg } x = \dfrac{\text{sen } x}{\cos x}$ $(\cos x \neq 0)$

$\text{cotg } x = \dfrac{\cos x}{\text{sen } x}$ $(\text{sen } x \neq 0)$

$\sec x = \dfrac{1}{\cos x}$ $(\cos x \neq 0)$

$\text{cossec } x = \dfrac{1}{\text{sen } x}$ $(\text{sen } x \neq 0)$

$\sec^2 x = 1 + \text{tg}^2 x$ $(\cos x \neq 0)$

$\text{cossec}^2 x = 1 + \text{cotg}^2 x$ $(\text{sen } x \neq 0)$

EQUAÇÕES TRIGONOMÉTRICAS

São três os casos principais de equações trigonométricas:

1º caso: equação na incógnita x da forma $\text{sen } x = \text{sen } \theta$.

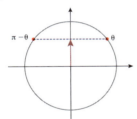

Se as extremidades dos arcos de medida x e θ são simétricos em relação ao eixo das ordenadas, como sugere a figura, temos que as soluções desse tipo de equação podem ser dadas por:

$x = \theta + k \cdot 2\pi$
ou
$x = \pi - \theta + k \cdot 2\pi$ $(k \in \mathbb{Z})$

2º caso: equação na incógnita x da forma $\cos x = \cos \theta$.

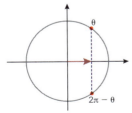

Se as extremidades dos arcos de medida x e θ são simétricos em relação ao eixo das abscissas, como sugere a figura, temos que as soluções desse tipo de equação podem ser dadas por:

$x = \theta + k \cdot 2\pi$
ou
$x = -\theta + k \cdot 2\pi$ $(k \in \mathbb{Z})$

Porém, essas duas expressões poderiam ser resumidas em apenas uma:

$x = \pm \theta + k \cdot 2\pi, (k \in \mathbb{Z})$

3º caso: equação na incógnita x da forma $\text{tg } x = \text{tg } \theta$.

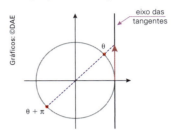

Se as extremidades dos arcos de medida x e θ são simétricos em relação ao centro da circunferência, como sugere a figura, temos que as soluções desse tipo de equação podem ser dadas por:

$x = \theta + k \cdot 2\pi$
ou
$x = \theta + \pi + k \cdot 2\pi$ $(k \in \mathbb{Z})$

Neste caso, essas duas expressões podem ser representadas por apenas uma:

$x = \theta + k \cdot \pi, (k \in \mathbb{Z})$

TRANSFORMAÇÕES TRIGONOMÉTRICAS

ADIÇÃO E SUBTRAÇÃO DE ARCOS

$sen(\alpha + \beta) = sen\alpha \cdot \cos\beta + sen\beta \cdot \cos\alpha$

$sen(\alpha - \beta) = sen\alpha \cdot \cos\beta - sen\beta \cdot \cos\alpha$

$\cos(\alpha + \beta) = \cos\alpha \cdot \cos\beta - sen\alpha \cdot sen\beta$

$\cos(\alpha - \beta) = \cos\alpha \cdot \cos\beta + sen\alpha \cdot sen\beta$

$tg(\alpha + \beta) = \dfrac{tg\alpha + tg\beta}{1 - tg\alpha \cdot tg\beta}$

$tg(\alpha - \beta) = \dfrac{tg\alpha - tg\beta}{1 + tg\alpha \cdot tg\beta}$

DUPLICAÇÃO DE ARCOS

$sen(2x) = 2 \cdot sen x \cdot \cos x$

$\cos(2x) = \cos^2 x - sen^2 x \rightarrow \begin{cases} \cos(2x) = 1 - 2 \cdot sen^2 x \\ \cos(2x) = 2 \cdot \cos^2 x - 1 \end{cases}$

$tg(2x) = \dfrac{2 \cdot tg x}{1 - tg^2 x}$

Exercícios

EXERCÍCIOS RESOLVIDOS

1. (UEG-GO) Considerando-se que $\text{sen}(5°) = \dfrac{2}{25}$, tem-se que $\cos(50°)$ é

a) $\dfrac{\sqrt{2}}{50}(\sqrt{621} + 2)$

b) $\dfrac{\sqrt{2}}{50}(\sqrt{621} - 2)$

c) $\dfrac{\sqrt{2}}{50}(1 - \sqrt{621})$

d) $\dfrac{\sqrt{2}}{50}(\sqrt{621} - 1)$

Utilizando a relação fundamental para o arco 5°, podemos obter o valor do cosseno desse arco:

$$\text{sen}^2\,5° + \cos^2\,5° = 1$$

$$\cos^2\,5° = 1 - \left(\dfrac{2}{25}\right)^2$$

$$\cos 5° = \dfrac{\sqrt{621}}{25}$$

Observando que 50° = 45° + 5° e utilizando a relação trigonométrica para a adição de arcos, vem:

$$\cos 50° = \cos(45° + 5°)$$
$$\cos 50° = \cos 45° \cdot \cos 5° - \text{sen}\,45° \cdot \text{sen}\,5°$$
$$\cos 50° = \dfrac{\sqrt{2}}{2} \cdot \dfrac{\sqrt{621}}{25} - \dfrac{\sqrt{2}}{2} \cdot \dfrac{2}{25}$$
$$\cos 50° = \dfrac{\sqrt{2}}{50} \cdot \left(\sqrt{621} - 2\right)$$

2. (UFSM-RS) Cerca de 24,3% da população brasileira é hipertensa, quadro que pode ser agravado pelo consumo excessivo de sal. A variação da pressão sanguínea P (em mmHg) de um certo indivíduo é expressa em função do tempo por

$$P(t) = 100 - 20\cos\left(\dfrac{8\pi}{3}t\right)$$

onde t é dado em segundos. Cada período dessa função representa um batimento cardíaco.

Analise as afirmativas:

I. A frequência cardíaca desse indivíduo é de 80 batimentos por minuto.

II. A pressão em $t = 2$ segundos é de 110 mmHg.

III. A amplitude da função $p(t)$ é de 30 mmHg

Está(ão) correta(s)

a) apenas I.

b) apenas I e II.

c) apenas III.

d) apenas II e III.

e) I, II e III.

Considerando que a função apresentada é uma função trigonométrica, vamos analisar as afirmações feitas:

[I] Verdadeira.

Obtemos inicialmente o período da função:

$$P = \dfrac{2\pi}{\dfrac{8\pi}{3}}$$

$$P = \dfrac{6\pi}{8\pi} \Rightarrow P = \dfrac{3}{4}$$

Como a frequência cardíaca, em segundos, é o inverso do período, temos:

$$f = \dfrac{1}{P}$$

$$f = \dfrac{1}{\dfrac{3}{4}} \rightarrow f = \dfrac{4}{3}\,s$$

Como 1 min = 60 s, temos que $\dfrac{4}{3} \cdot 60 = \dfrac{240}{3} = 80$

[II] Verdadeira.

$$P(2) = 100 - 20 \cdot \left(\cos\dfrac{8\pi}{3} \cdot 2\right)$$

$$P(2) = 100 - 20 \cdot \left(\cos\dfrac{16\pi}{3}\right)$$

$$\downarrow \dfrac{16\pi}{3} = 2\pi + \dfrac{4\pi}{3}$$

$$P(2) = 100 - 20 \cdot \left(\cos\dfrac{4\pi}{3}\right) =$$

$$P(2) = 100 - 20 \cdot \left(-\dfrac{1}{2}\right) =$$

$$P(2) = 110 \Rightarrow 110\ \text{mmHg}.$$

[III] Falsa

A amplitude dessa função trigonométrica é de 20 mmHg (corresponde a altura da cossenoide)

3. (FGV-SP) Se $1 + \cos\alpha + \cos^2\alpha + \cos^3\alpha + \cos^4\alpha + \ldots = 5$, com $0 \leqslant \alpha < \dfrac{\pi}{2}$ então, $\text{sen}\,2\alpha$ é igual a

80 Caderno de Revisão

a) 0,84.

b) 0,90

c) 0,92.

d) 0,94.

e) 0,96.

O primeiro membro da igualdade corresponde ao limite da soma dos termos de uma progressão geométrica infinita de razão igual a cos α, e primeiro termo 1. Assim, temos:

$1 + \cos\alpha + \cos^2\alpha + \cos^3\alpha + \cos^4\alpha + \ldots = 5$

$\downarrow S = \dfrac{a_1}{1-q}$

$\dfrac{1}{1-\cos\alpha} = 5$

$1 = 5 - 5\cos\alpha \Rightarrow \cos\alpha = \dfrac{4}{5}$

Utilizando a relação fundamental, obtemos o valor do seno, isto é:

$\text{sen}^2\alpha + \cos^2\alpha = 1$

$\text{sen}^2\alpha + \left(\dfrac{4}{5}\right)^2 = 1$

$\text{sen}^2\alpha = 1 - \dfrac{16}{25}$

$\text{sen}^2\alpha = \dfrac{9}{25} \Rightarrow \text{sen}\,\alpha = \dfrac{3}{5}$

Utilizando a relação para o arco duplo, vem:

$\text{sen}\,2\alpha = 2\,\text{sen}\,\alpha\cos\alpha$

$\text{sen}\,2\alpha = 2 \cdot \dfrac{3}{5} \cdot \dfrac{4}{5}$

$\text{sen}\,2\alpha = \dfrac{24}{25} \Rightarrow \text{sen}\,2\alpha = 0,96$

4. Considere que $\cos x = \dfrac{4}{5}$ e $x \in \left[0, \dfrac{\pi}{2}\right]$. A partir desse valor, vamos determinar o valor correspondente a $\text{tg}\,2x$.

A partir de $\cos x = \dfrac{4}{5}$ e $x \in \left[0, \dfrac{\pi}{2}\right]$ podemos obter o valor de seno e cosseno desse arco, considerando as seguintes relações trigonométricas:

$\text{sen}^2 x + \cos^2 x = 1$

$\text{sen}^2 x + \left(\dfrac{4}{5}\right)^2 = 1$

$\text{sen}^2 x = 1 - \dfrac{16}{25}$

$\text{sen}^2 x = \dfrac{9}{25} \Rightarrow \text{sen}\,x = \dfrac{3}{5}$

$\text{tg}\,x = \dfrac{\text{sen}\,x}{\cos x}$

$\text{tg}\,x = \dfrac{\frac{3}{5}}{\frac{4}{5}} \Rightarrow \text{tg}\,x = \dfrac{3}{4}$

Utilizando agora a relação para o dobro de um arco, temos:

$\text{tg}(2x) = \dfrac{2\cdot\text{tg}\,x}{1-\text{tg}^2 x}$

$\text{tg}(2x) = \dfrac{2\cdot\dfrac{3}{4}}{1-\left(\dfrac{3}{4}\right)^2}$

$\text{tg}(2x) = \dfrac{\dfrac{3}{2}}{1-\dfrac{9}{16}}$

$\text{tg}(2x) = \dfrac{3}{2}\cdot\dfrac{16}{7} \Rightarrow \text{tg}(2x) = \dfrac{24}{7}$

EXERCÍCIOS PROPOSTOS

1. (Unicamp-SP) Considere o triângulo exibido na figura abaixo, com lados de comprimentos a, b e c e ângulos α, β e γ.

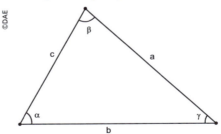

a) Suponha que a sequência (α, β e γ) é uma progressão aritmética (PA). Determine a medida do ângulo β.

b) Suponha que a sequência (a, b, c) é uma progressão geométrica (PG) de razão $q = \sqrt{2}$. Determine o valor de $\tan\beta$.

2. (Unifesp-SP) Por razões técnicas, um armário de altura 2,5 metros e largura 1,5 metro está sendo deslocado por um corredor, de altura h metros, na posição mostrada pela figura.

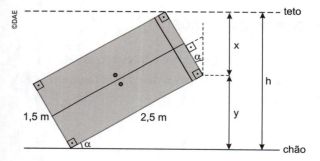

a) Calcule h para o caso em que $\alpha = 30°$
b) Calcule h para o caso em que $x = 1,2$ m.

3. (PUC-SP) Suponha que uma revista publicou um artigo no qual era estimado que, no ano de $2015 + x$ com $x \in \{0, 1, 2, \ldots, 9, 10\}$, o valor arrecadado dos impostos incidentes sobre as exportações de certo país, em milhões de dólares, poderia ser obtido pela função $f(x) = 250 + 12\cos\left(\dfrac{\pi}{3}x\right)$. Caso essa previsão se confirme, então, relativamente ao total arrecadado a cada ano considerado, é correto afirmar que:

a) o valor máximo ocorrerá apenas em 2021.
b) atingirá o valor mínimo somente em duas ocasiões.
c) poderá superar 300 milhões de dólares.
d) nunca será inferior a 250 milhões de dólares.

4. (UEG-GO) Sabendo-se que $\operatorname{sen}(x) = \dfrac{1}{2}$ e que x é um ângulo do 1º quadrante, o valor da expressão sen (4x) − cos (4x) é

a) $\dfrac{\sqrt{3} - 1}{2}$

b) $\dfrac{1}{2}$

c) $\dfrac{\sqrt{3} + 1}{2}$

d) 2

5. (UPE) Qual dos gráficos a seguir representa a função $f(x) = -2\operatorname{sen} 3x$?

a)
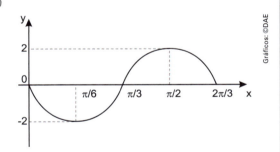

b)
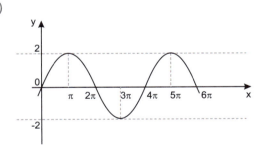

c)
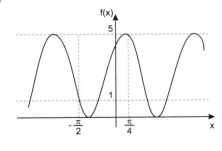

d)
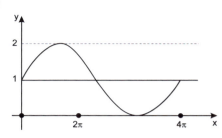

e)
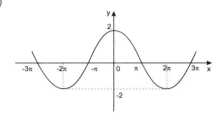

6. (UFJF-MG) Seja ABC um triângulo cujas medidas dos ângulos internos formam uma progressão aritmética não constante e cujos lados AB e AC têm medidas $\sqrt{6}$ cm e 3 cm respectivamente.

a) Prove que um dos ângulos internos desse triângulo mede 60º.

b) Suponha que o ângulo $A\hat{B}C$ seja o que mede 60º. Determine a medida do ângulo $A\hat{C}B$.

c) Com as hipóteses do item anterior, determine o seno do ângulo $B\hat{A}C$.

7. (UFJF-MG) Seja $0 \leq x \leq \dfrac{\pi}{2}$ uma medida de ângulo em radianos tal que

$$\cos x + \operatorname{sen} x = \dfrac{\sqrt{5}}{2}$$

$$\cos x - \operatorname{sen} x = \dfrac{\sqrt{3}}{2}$$

O valor de tg $2x$ é:

a) $4 - \sqrt{15}$

b) $\dfrac{\sqrt{15}}{15}$

c) $\dfrac{\sqrt{15}}{4}$

d) $\sqrt{15}$

e) $4\sqrt{15}$

9. (Uece) Se $g\colon \mathbb{R} \to \mathbb{R}$ é a função definida por $g(x) = 3x + \operatorname{sen}\left(\dfrac{\pi}{2}x\right)$ então o valor da soma $g(2) + g(3) + g(4) + \ldots + g(10) + g(11)$ é

a) 183.

b) 187.

c) 190.

d) 194.

8. (Fuvest-SP) No quadrilátero plano ABCD, os ângulos $A\hat{B}C$ e $A\hat{D}C$ são retos, $AB = AD = 1$, $BC = CD = 2$ e $\overline{BD}$ é uma diagonal.

O cosseno do ângulo $B\hat{C}D$ vale

a) $\dfrac{\sqrt{3}}{5}$

b) $\dfrac{2}{5}$

c) $\dfrac{3}{5}$

d) $\dfrac{2\sqrt{3}}{5}$

e) $\dfrac{4}{5}$

10. (Unicamp-SP) A figura abaixo exibe um círculo de raio r que tangencia internamente um setor circular de raio R e ângulo central θ

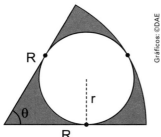

a) Para θ = 60°, determine a razão entre as áreas do círculo e do setor circular.
b) Determine o valor de cos θ no caso em que R = 4r

11. (FGV-SP) Na figura, ABCD representa uma placa em forma de trapézio isósceles de ângulo da base medindo 60°. A placa está fixada em uma parede por $\overline{AD}$, e $\overline{PA}$ representa uma corda perfeitamente esticada, inicialmente perpendicular à parede.

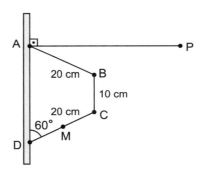

Nesse dispositivo, o ponto P será girado em sentido horário, mantendo-se no plano da placa, e de forma que a corda fique sempre esticada ao máximo. O giro termina quando P atinge M, que é o ponto médio de $\overline{CD}$.

Nas condições descritas, o percurso total realizado por P, em cm será igual a

a) $\dfrac{50\pi}{3}$

b) $\dfrac{40\pi}{3}$

c) 15π

d) 10π

e) 9π

12. (Insper-SP) A figura abaixo representa o gráfico da função f(x) = a cos (x) + b.

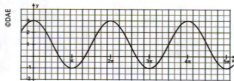

A soma $a + b$ e a diferença $b - a$ são, respectivamente, iguais a

a) 3 e 1.
b) 1 e –3.
c) π e 1.
d) –1 e π.
e) 3 e –1.

13. (Uern) Considerando que $sen^2\alpha = \dfrac{3}{4}$, com $0° < \alpha < 90°$, então o valor da expressão $\left(\cos\dfrac{\alpha}{2} + sen\,\alpha\right) \cdot tg\,\alpha$ é

a) 1.
b) 3.
c) $\sqrt{3}$.
d) $2\sqrt{3}$.

14. (Fuvest-SP) Sabe-se que existem números reais A e x_0, sendo A > 0, tais que sen x + 2 cos x = A cos (x – x_0) para todo x real. O valor de A é igual a

a) $\sqrt{2}$
b) $\sqrt{3}$
c) $\sqrt{5}$
d) $2\sqrt{2}$
e) $2\sqrt{3}$

15. (UPM-SP) O maior valor que o número real $\dfrac{10}{2 - \dfrac{senx}{3}}$ pode assumir é

a) $\dfrac{20}{3}$
b) $\dfrac{7}{3}$
c) 10
d) 6
e) $\dfrac{20}{7}$

MATRIZES, DETERMINANTES E SISTEMAS LINEARES

MATRIZES E DETERMINANTES

MATRIZ

Sendo m e n números naturais, uma matriz do tipo $m \times n$ é uma tabela retangular formada por $m \cdot n$ elementos dispostos em m linhas e n colunas.

Observações:

1. Cada um dos $m \cdot n$ números reais que formam a matriz é denominado elemento dessa matriz.

2. Podemos nos referir a uma matriz $m \times n$ das seguintes maneiras: matriz do tipo $m \times n$ ou matriz de ordem $m \times n$.

3. Forma abreviada de representação de uma matriz A de ordem $m \times n$:

$$A = \left(a_{ij}\right)_{m \times n}$$

Sendo i e j números inteiros positivos, tais que:

- $1 \leq i \leq m$;
- $1 \leq j \leq n$;
- e a_{ij} um elemento qualquer de A.

IGUALDADE DE DUAS MATRIZES

Em símbolos, sendo as matrizes $A = (a_{ij})_{m \times n}$ e $B = (b_{ij})_{m \times n}$, temos:

$A = B \Leftrightarrow a_{ij} = b_{ij}$

Para todo i e j, tal que $1 \leq i \leq m$ e $1 \leq j \leq n$.

MATRIZES ESPECIAIS

Dada uma matriz A do tipo $m \times n$, denomina-se **transposta** de A (representamos por A^t) a matriz do tipo $n \times m$ obtida pela troca ordenada das linhas de A pelas colunas de B.

- Quando todos os elementos situados acima ou abaixo da diagonal principal de uma matriz quadrada são nulos, tal matriz é dita **matriz triangular**.

- Quando todos os elementos acima e também abaixo da diagonal principal de uma matriz quadrada são nulos, tal matriz é dita **matriz diagonal**.

- Quando todos os elementos acima e abaixo da diagonal principal de uma matriz quadrada são nulos e os elementos da diagonal principal são iguais a 1, tal matriz é dita **matriz identidade**.

ADIÇÃO DE MATRIZES

Dadas duas matrizes A e B de mesma ordem $m \times n$, denomina-se a matriz C, também do tipo $m \times n$, como a soma da matriz A com a matriz B, na qual cada elemento é obtido adicionando-se os elementos correspondentes de A e de B.

SUBTRAÇÃO DE MATRIZES

Denomina-se **matriz oposta** de uma matriz dada A (representamos por –A) a matriz cujos elementos são opostos dos correspondentes da matriz A. Sendo A e B duas matrizes de mesma ordem $m \times n$, a diferença entre A e B, representada por A – B, é a soma da matriz A com o oposto da matriz B, isto é:

$$A - B = A + (-B)$$

Observação:

1. Dadas as matrizes A, B e C de mesma ordem, valem as propriedades:
   - Propriedade comutativa

     $$A + B = B + A$$

   - Propriedade associativa

     $$(A + B) + C = A + (B + C)$$

- Elemento neutro (a matriz O é a matriz nula de mesma ordem que a matriz A)

$$A + O = O + A = A$$

- Elemento oposto (O a matriz nula de mesma ordem)

$$A + (-A) = (-A) + A = 0$$

MULTIPLICAÇÃO DE MATRIZ POR UM NÚMERO REAL

Dado um número real k e uma matriz A, de ordem $m \times n$, a matriz que se obtém multiplicando por k todos os elementos de A é a matriz kA, de mesma ordem.

MULTIPLICAÇÃO DE MATRIZES

Dadas as matrizes $A = \left(a_{ij}\right)_{m \times n}$ e $B = \left(b_{jk}\right)_{n \times p}$, o produto AB é a matriz $C = \left(c_{ik}\right)_{m \times p}$, tal que cada elemento c_{ik} é calculado multiplicando-se, ordenadamente, os elementos da linha i da matriz A pelos elementos da coluna k da matriz B, e adicionando-se os produtos obtidos. Em símbolos, temos:

$$c_{ik} = a_{i1} \cdot b_{1k} + a_{i2} \cdot b_{2k} + a_{i3} \cdot b_{3k} + \dots + a_{in} \cdot b_{nk}$$

Para todo $i \in \{1,2,3,\dots,m\}$ e todo $k \in \{1,2,3,\dots,p\}$.

Observações:

1. Da maneira como foi definido o produto entre duas matrizes, é necessário observar que o número de colunas da primeira matriz deve ser igual ao número de linhas da segunda matriz.

$$A_{m \times n} \cdot B_{n \times p} = C_{m \times p}$$

2. Note também que a matriz correspondente ao produto possui o número de linhas da primeira matriz e o número de colunas da segunda matriz.

PROPRIEDADES DO PRODUTO DE MATRIZES

Supondo A, B e C matrizes para as quais estão definidas as operações indicadas, valem as seguintes propriedades:

- Associativa

$$(A \cdot B) \cdot C = A \cdot (B \cdot C)$$

- Distributiva à direita em relação à adição

$$(A + B) \cdot C = A \cdot C + B \cdot C$$

- Distributiva à esquerda em relação à adição

$$C \cdot (A + B) = C \cdot A + C \cdot B$$

Observação:

1. Se $A = \left(a_{ij}\right)$ e $B = \left(b_{ij}\right)$ são matrizes quadradas de ordem n, tal que $A \cdot B = B \cdot A = I_n$, em que I_n é a matriz identidade de ordem n, então as matrizes A e B são denominadas **matrizes inversas**.

DETERMINANTE DE MATRIZ

A cada matriz quadrada podemos associar um número real denominado **determinante da matriz**. Assim, sendo A uma matriz quadrada, representaremos por $|A|$ ou $\det(A)$ o determinando dessa matriz.

- Determinante de uma matriz de ordem 1

O determinante da matriz $A = \left(a_{11}\right)$ de ordem 1 é o próprio elemento a_{11}, isto é:

$$\det(A) = a_{11}$$

- Determinante de uma matriz de ordem 2

O determinante da matriz $A = \begin{pmatrix} a_{11} & a_{12} \\ a_{21} & a_{22} \end{pmatrix}$ de ordem 2 é o número real:

$$\det(A) = \begin{vmatrix} a_{11} & a_{12} \\ a_{21} & a_{22} \end{vmatrix} = a_{11} \cdot a_{22} - a_{21} \cdot a_{12}$$

- Determinante de uma matriz de ordem 3

O determinante de uma matriz

$$A = \begin{pmatrix} a_{11} & a_{12} & a_{13} \\ a_{21} & a_{22} & a_{23} \\ a_{31} & a_{32} & a_{33} \end{pmatrix}$$ de ordem 3 é o número real:

$$\det(A) = \begin{vmatrix} a_{11} & a_{12} & a_{13} \\ a_{21} & a_{22} & a_{23} \\ a_{31} & a_{32} & a_{33} \end{vmatrix} =$$

$$= a_{11} \cdot a_{22} \cdot a_{33} + a_{12} \cdot a_{23} \cdot a_{31} + a_{13} \cdot a_{21} \cdot a_{32} -$$

$$- a_{13} \cdot a_{22} \cdot a_{31} - a_{12} \cdot a_{21} \cdot a_{33} - a_{11} \cdot a_{23} \cdot a_{32}$$

DETERMINANTE DE UMA MATRIZ DE ORDEM SUPERIOR A TRÊS

Dada uma matriz $A = \left(a_{ij}\right)$, quadrada de ordem n, sendo $n \geq 2$, denominamos **cofator c_{ij} do elemento a_{ij}** o produto de $(-1)^{i+j}$ pelo determinante D_{ij} da matriz obtida quando se retira de A a i-ésima linha e a j-ésima coluna.

Em símbolos:

$$c_{ij} = (-1)^{i+j} \cdot D_{ij}$$

Teorema de Laplace

Considere a matriz $A = \left(a_{ij}\right)$ quadrada de ordem n, $n \geq 2$. O determinante dessa matriz é igual à soma dos produtos dos elementos de uma linha ou de uma coluna qualquer da matriz A pelos respectivos cofatores.

PROPRIEDADES DOS DETERMINANTES

- Se todos os elementos de uma linha ou de uma coluna de uma matriz quadrada são nulos, o seu determinante é igual a zero.

- Se duas linhas (ou duas colunas) de uma matriz quadrada forem iguais, seu determinante será igual a zero.

- Se duas linhas (ou duas colunas) de uma matriz quadrada tiverem seus elementos correspondentes proporcionais, seu determinante será igual a zero.

- Se todos os elementos de uma linha (ou de uma coluna) de uma matriz quadrada são multiplicados por um mesmo número real k, seu determinante fica multiplicado por k.

- Se todos os elementos de uma matriz quadrada de ordem n são multiplicados por um mesmo número real k, seu determinante fica multiplicado por k^n.

Teorema de Binet

Sendo A e B duas matrizes quadradas de mesma ordem e $A \cdot B$ a matriz correspondente ao produto das duas matrizes, então:

$$\det(A \cdot B) = \det(A) \cdot \det(B)$$

Seja A uma matriz quadrada inversível e A^{-1} sua matriz inversa, temos que:

$$\det\left(A^{-1}\right) = \frac{1}{\det(A)}$$

SISTEMAS DE EQUAÇÕES LINEARES

CONCEITOS

Denomina-se **equação linear** toda equação que pode ser escrita na forma

$$a_1 x_1 + a_2 x_2 + a_3 x_3 + \dots + a_n x_n = b$$

Sendo que $x_1, x_2, x_3, \dots$ e x_n são as incógnitas, $a_1, a_2, a_3, \dots$ e a_n são os coeficientes reais e b é um número real correspondente ao termo independente das incógnitas.

Observação:

Numa equação linear, os expoentes de todas as incógnitas são sempre iguais a 1. Além disso, numa equação linear não temos termo misto, ou seja, aquele que contém o produto de duas incógnitas.

Dada a equação linear de n incógnitas, $a_1 x_1 + a_2 x_2 + a_3 x_3 + \dots + a_n x_n = b$, dizemos que a sequência ordenada de números reais $\left(\alpha_1, \alpha_2, \alpha_3, \dots, \alpha_n\right)$ é **solução da equação**, se a sentença $a_1 \alpha_1 + a_2 \alpha_2 + a_3 \alpha_3 + \dots + a_n \alpha_n = b$ for verdadeira.

Denomina-se **sistema linear $m \times n$** o conjunto S de m equações lineares em n incógnitas, que pode ser representado com as incógnitas $x_1, x_2, x_3, \dots, x_n$, os coeficientes reais $a_{11}, a_{12}, a_{13}, \dots, a_{mn}$ e os números reais $b_1, b_2, b_3, \dots, b_n$ que representam os termos independentes das incógnitas.

$$S: \begin{cases} a_{11}x_1 + a_{12}x_2 + a_{13}x_3 + \dots + a_{1n}x_n = b_1 \\ a_{21}x_1 + a_{22}x_2 + a_{23}x_3 + \dots + a_{2n}x_n = b_2 \\ a_{31}x_1 + a_{32}x_2 + a_{33}x_3 + \dots + a_{3n}x_n = b_3 \\ \dots\dots\dots\dots\dots\dots\dots\dots\dots\dots \\ a_{m1}x_1 + a_{m2}x_2 + a_{m3}x_3 + \dots + a_{mn}x_n = b_m \end{cases}$$

Matrizes, determinantes e sistemas lineares

Quando todos os termos independentes das incógnitas são nulos, o sistema é dito **sistema linear homogêneo**.

Dado um sistema de equações lineares **m × n**, formado por m equações com n incógnitas, denomina-se **solução desse sistema** a sequência ordenada de números reais $(\alpha_1, \alpha_2, \alpha_3, ..., \alpha_n)$, que é solução de cada uma das m equações desse sistema.

Observação:

Podemos dizer que os sistemas de equações lineares quanto às suas soluções são classificados em:

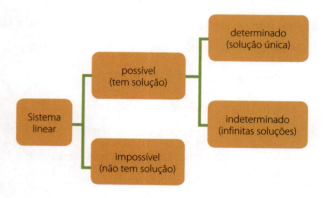

ESCALONAMENTO

Um sistema de equações lineares é dito escalonado quando:

- Todas as equações apresentam as incógnitas numa mesma ordem.
- O número de coeficientes nulos que precedem o primeiro não nulo de cada equação aumenta de uma equação para outra equação.

Exemplo:

O seguinte sistema de equações lineares está escalonado.

$$\begin{cases} 2x - y + 4y = 0 \\ 2y - 3z = 8 \\ 5z = 10 \end{cases}$$

Observação:

Dois sistemas de equações lineares são ditos **equivalentes** quando possuem a mesma solução.

PROCEDIMENTO PARA ESCALONAR UM SISTEMA

Para obter um sistema equivalente a um sistema de equações lineares, podem-se efeturar quaisquer das seguintes transformações:

I. Trocar a posição de duas equações no sistema.

II. Multiplicar os dois membros de equação qualquer do sistema por um número real diferente de zero.

III. Multiplicar uma equação por um número real diferente de zero e adicionar o resultado a outra equação.

Observação:

1. É possível que, ao escalonar um sistema linear, a última equação apresente todos os coeficientes das incógnitas nulos. Assim, teremos duas possibilidades:
   - Termo independente das incógnitas nulo – o sistema apresenta infinitas soluções (sistema possível e indeterminado).
   - Termo independente das incógnitas não nulo – o sistema não apresenta solução (sistema impossível).

Exercícios

EXERCÍCIOS RESOLVIDOS

1. (UFSC) Se a terna (a, b, c) é solução do sistema

$$\begin{cases} x + 2y + z = 9 \\ 2x + y - z = 3 \\ 3x - y - 2z = -4 \end{cases}$$, então calcule o valor numérico de $(a + b + c)$.

Para escalonar o sistema, adicionamos a 2ª equação com a 1ª multiplicada por –2, adicionamos a 3ª equação com a 1ª multiplicada por –3 etc.

$$\begin{cases} x + 2y + z = 9 \\ -y + z = -1 \\ -6z = -12 \end{cases}$$

Resolvendo a 3ª equação, obtemos $z = 2$. Substituímos esse resultado na 2ª equação:

$$-y + 2 = -1 \Rightarrow y = 3$$

Substituímos os resultados obtidos na 1ª equação:

$$x + 2 \cdot 3 + 2 = 9 \Rightarrow x = 1$$

Portanto, considerando que (a, b, c) representa a solução do sistema, temos que

$$a + b + c = 1 + 3 + 2$$
$$a + b + c = 6$$

2. (UEG-GO) Dadas as matrizes $A = \begin{bmatrix} 5 & 1 & 2 \\ 1 & -2 & 2 \\ 1 & -4 & 1 \end{bmatrix}$

e $B = \begin{bmatrix} x \\ y \\ z \end{bmatrix}$, tal que $A \cdot B = \begin{bmatrix} 1 \\ 3 \\ 8 \end{bmatrix}$, os valores de x,

y e z são, respectivamente:

a) 1, –2 e –1

b) 0, –1 e 1

c) 1, 0 e –2

d) 0, –2 e 1

Multiplicamos a matriz A pela matriz B e, pela igualdade de matrizes, montamos o sistema linear:

$$\begin{bmatrix} 5 & 1 & 2 \\ 1 & -2 & 2 \\ 1 & -4 & 1 \end{bmatrix} \cdot \begin{bmatrix} x \\ y \\ z \end{bmatrix} = \begin{bmatrix} 1 \\ 3 \\ 8 \end{bmatrix}$$

$$\begin{bmatrix} 5x + y + 2z \\ x - 2y + 2z \\ x - 4y + z \end{bmatrix} = \begin{bmatrix} 1 \\ 3 \\ 8 \end{bmatrix}$$

$$\begin{cases} 5x + y + 2z = 1 \\ x - 2y + 2z = 3 \\ x - 4y + z = 8 \end{cases}$$

Escalonando esse sistema, obtemos:

$$\begin{cases} x - 2y + 2z = 3 \\ y - 13z = 11 \\ -27z = 27 \end{cases}$$

Resolvendo a 3ª equação, obtemos $z = -1$. Substituíndo esse valor na 2ª equação, vem:

$$y - 13 \cdot (-1) = 11 \Rightarrow y = -2$$

Voltando à primeira equação, temos:

$$x - 2 \cdot (-2) + 2(-1) = 3$$
$$x + 4 - 2 = 3 \Rightarrow x = 1$$

Portanto, $S = \{(1, -2, -1)\}$

3. (Uece) Se x é um ângulo tal que $\cos x = \dfrac{1}{4}$, então

o valor do determinante $\begin{vmatrix} sen2x & 2\cos^2 x \\ -\cos x & senx \end{vmatrix}$ é

a) 1.

b) 2.

c) $\dfrac{1}{2}$.

d) $-\dfrac{1}{2}$.

Pela regra de Sarrus e utilizando relações trigonométricas, calculamos e simplificamos o determinante D:

$$D = sen2x \cdot senx + 2\cos^2 x \cdot \cos x$$
$$D = 2senx \cdot \cos x \cdot senx + 2\cos^3 x$$
$$D = 2\cos x (1 - \cos^2 x) + 2\cos^3 x$$
$$D = 2\cos x - 2\cos^3 x + 2\cos^3 x$$
$$D = 2\cos x$$

Considerando que o $\cos x = \dfrac{1}{4}$, então:

$$D = 2 \cdot \dfrac{1}{4}$$
$$D = 2$$

4. (Ifsul-RS) Uma empresa de informática constatou que o custo total $C(x)$ em reais para produzir seus equipamentos é dado pela função $C(x) = \det A + \det B - 10x + 2$, na qual x é o número de equipamentos produzidos, com

$$A = \begin{bmatrix} x^2 & 2x \\ -1 & 2 \end{bmatrix} \text{ e } B = \begin{bmatrix} 0 & 2 & -x^2 - 1 \\ 0 & -1 & 0 \\ 1 & x & 2x \end{bmatrix}.$$

O custo total para a produção de 10 unidades do equipamento é

a) $R\$\,21,00$.

b) $R\$\,53,00$.

c) $R\$\,223,00$.

d) $R\$\,263,00$.

Inicialmente calculamos os determinantes das matrizes A e B, mas utilizando o fato de que $x = 10$. Assim, temos:

$$A = \begin{bmatrix} x^2 & 2x \\ -1 & 2 \end{bmatrix}$$

$$A = \begin{bmatrix} 100 & 20 \\ -1 & 2 \end{bmatrix} \to \det A = 200 - (-20) \Rightarrow \det A = 220$$

$$B = \begin{bmatrix} 0 & 2 & -x^2 - 1 \\ 0 & -1 & 0 \\ 1 & x & 2x \end{bmatrix}$$

$$B = \begin{bmatrix} 0 & 2 & -101 \\ 0 & -1 & 0 \\ 1 & 10 & 20 \end{bmatrix} \to \det B = -101$$

Esses valores substituímos na função dada:

$C(x) = \det A + \det B - 10x + 2$

$C(2) = 220 - 101 - 10 \cdot 10 + 2$

$C(2) = 21 \Rightarrow 21$ reais

▶ EXERCÍCIOS PROPOSTOS

1. (Fuvest-SP) Uma dieta de emagrecimento atribui a cada alimento um certo número de pontos, que equivale ao valor calórico do alimento ao ser ingerido. Assim, por exemplo, as combinações abaixo somam, cada uma, 85 pontos:

- 4 colheres de arroz + 2 colheres de azeite + 1 fatia de queijo branco.

- 1 colher de arroz + 1 bife + 2 fatias de queijo branco.

- 4 colheres de arroz + 1 colher de azeite + 2 fatias de queijo branco.

- 4 colheres de arroz + 1 bife.

Note e adote:			
	1 colher de arroz	1 colher de azeite	1 bife
Massa de alimento (g)	20	5	100
% de umidade + macronutriente minoritário + micronutrientes	75	0	60
% de macronutriente majoritário	25	100	40

São macronutrientes as proteínas, os carboidratos e os lipídeos.

Com base nas informações fornecidas, e na composição nutricional dos alimentos, considere as seguintes afirmações:

I. A pontuação de um bife de 100 g é 45.

II. O macronutriente presente em maior quantidade no arroz é o carboidrato.

III. Para uma mesma massa de lipídeo de origem vegetal e de carboidrato, a razão $\dfrac{\text{número de pontos do lipídeo}}{\text{número de pontos do carboidrato}}$ é 1,5.

É correto o que se afirma em

a) I, apenas.

b) II, apenas.

c) I e II, apenas.

d) II e III, apenas.

e) I, II e III.

---

92   Caderno de revisão

2. (FGV-SP) Os elementos da matriz $A = (a_{ij})_{3 \times 3}$ representam a quantidade de voos diários apenas entre os aeroportos i, de um país, e os aeroportos j, de outro país. A respeito desses voos, sabe-se que:

- quando $j = 2$, o número de voos é sempre o mesmo;

- quando $i = j$, o número de voos é sempre o mesmo;

- quando $i = 3$, o número de voos é sempre o mesmo;

- $a_{11} \neq 0$, e $\det A = 0$.

De acordo com as informações, é correto afirmar que o conjunto solução com as possibilidades de a_{11} é igual a

a) $\{a_{21}, a_{13}\}$

b) $\{a_{21}, a_{23}\}$

c) $\{a_{22}, a_{13}\}$

d) $\{a_{21}, a_{22}\}$

e) $\{a_{13}, a_{22}\}$

3. (Vunesp-SP) Um ponto P, de coordenadas (x, y) do plano cartesiano ortogonal, é representado pela matriz coluna $\begin{bmatrix} x \\ y \end{bmatrix}$, assim como a matriz coluna $\begin{bmatrix} x \\ y \end{bmatrix}$ representa, no plano cartesiano ortogonal, o ponto P de coordenadas (x, y).

Sendo assim, o resultado da multiplicação matricial $\begin{bmatrix} 0 & -1 \\ 1 & 0 \end{bmatrix} \cdot \begin{bmatrix} x \\ y \end{bmatrix}$ é uma matriz coluna que, no plano cartesiano ortogonal, necessariamente representa um ponto que é

a) uma rotação de P em 180° no sentido horário, e com centro em $(0, 0)$.

b) uma rotação de P em 90° no sentido anti-horário, e com centro em $(0, 0)$.

c) simétrico de P em relação ao eixo horizontal x.

d) simétrico de P em relação ao eixo vertical y.

e) uma rotação de P em 90° no sentido horário, e com centro em $(0, 0)$.

4. (IFPE) Rodrigo, Otavio e Ronaldo gostam muito de comida japonesa e saíram para comer *temaki*, também conhecido como *sushi* enrolado à mão, cujo o formato lembra o de um cone.

Foram, então, visitando vários restaurantes, tanto no sábado quanto no domingo. As matrizes a seguir resumem quantos *temakis* cada um consumiu e como a despesa foi dividida:

$$S - \begin{bmatrix} 3 & 2 & 0 \\ 1 & 1 & 2 \\ 0 & 3 & 2 \end{bmatrix} \text{ e } D - \begin{bmatrix} 2 & 3 & 0 \\ 0 & 2 & 1 \\ 1 & 0 & 2 \end{bmatrix}$$

S refere-se às quantidades de *temakis* de sábado e D às de domingo. Cada elemento a_{ij} nos dá o número de cones que a pessoa i pagou para a pessoa j, sendo Rodrigo o número 1, Otávio, o número 2, e Ronaldo, o número 3 $((a_{ij})$ representa o elemento da linha i e da coluna j de cada matriz).

Exercícios 93

Assim, por exemplo, no sábado, Rodrigo pagou 3 *temakis* que ele próprio consumiu (a_{11}), 2 *temakis* consumidos por Otávio (a_{12}) e nenhum por Ronaldo (a_{13}), que corresponde à primeira linha da matriz S. Quantos *temakis* Otávio ficou devendo para Rodrigo neste fim de semana?

a) nenhum

b) 1

c) 2

d) 3

e) 4

5. (PUC-SP)

Seja o par ordenado (a, b), em que a e b são números inteiros positivos, uma solução da equação mostrada na tira acima. Em quantas das soluções, a soma $a + b$ é um número primo compreendido entre 15 e 30?

a) Menos do que três.

b) Três.

c) Quatro.

d) Mais do que quatro.

6. (Acafe-SC) Um designer de joias utiliza três tipos de pedras preciosas (rubis, safiras e esmeraldas) na criação de três modelos diferentes de colares (A, B e C). Na criação dessas peças ele verificou que:

- Para cada colar do tipo A usaria 4 rubis, 1 safira e 3 esmeraldas.

- Para cada colar do tipo B usaria 3 rubis, 1 safira e 2 esmeraldas.

- Para cada colar do tipo C usaria 2 rubis, 3 safiras e 2 esmeraldas.

Se ele dispõe de 54 rubis, 36 safiras e 42 esmeraldas para a execução dessas peças, então, a relação entre o número de peças A, B e C é:

a) C = A + B.

b) B = A + C.

c) A = C − B.

d) C = 2B − 8A.

7. (Unicamp-SP) Considere a matriz quadrada de ordem 3, $A = \begin{bmatrix} \cos x & 0 & -sen\,x \\ 0 & 1 & 0 \\ sen\,x & 0 & \cos x \end{bmatrix}$, onde x é um número real.

Podemos afirmar que

a) A não é invertível para nenhum valor de x.

b) A é invertível para um único valor de x.

c) A é invertível para exatamente dois valores de x.

d) A é invertível para todos os valores de x.

8. (Acafe-SC) Uma revendedora de carros possui em seu pátio um estoque de carros nos modelos A e B no valor de R$ 7.400.000,00. O valor de cada carro no modelo A é de R$ 70.000,00 e o valor de cada carro no modelo B é de R$ 50.000,00. Ao longo de um determinado mês foram vendidos 40% do número de carros no modelo A e 60% do modelo B, gerando uma receita de R$ 3.810.000,00.

A porcentagem aproximada de carros vendidos no mês foi de:

a) 51.

b) 53.

c) 55.

d) 57.

9. (Uern) Considere a seguinte operação entre matrizes: $\begin{pmatrix} 6 & 2 \\ 4 & 3 \end{pmatrix} \cdot K = \begin{pmatrix} -6 \\ 1 \end{pmatrix}$

A soma de todos os elementos da matriz K é:

a) 1.

b) 3.

c) 4.

d) 7.

10. (Unicamp-SP) Considere a matriz $A = \begin{bmatrix} a & 0 \\ b & 1 \end{bmatrix}$, onde a e b são números reais. Se $A^2 = A$ e A é invertível, então

a) $a = 1$ e $b = 1$.

b) $a = 1$ e $b = 0$.

c) $a = 0$ e $b = 0$.

d) $a = 0$ e $b = 1$.

Exercícios 95

11. (UEG-GO) Dada a matriz $A = \begin{pmatrix} e^{2x^2} & 0 \\ 0 & |y+x| \end{pmatrix}$ e seja B uma matriz identidade de ordem 2, os valores de x e y não negativos, tal que as matrizes A e B sejam iguais, são respectivamente

a) 0 e 1
b) 1 e 1
c) 0 e $\dfrac{\sqrt{2}}{2}$
d) $\dfrac{\sqrt{2}}{2}$ e $1 - \dfrac{\sqrt{2}}{2}$

12. (Enem) Uma barraca de tiro ao alvo de um parque de diversões dará um prêmio de R$ 20,00 ao participante, cada vez que ele acertar o alvo. Por outro lado, cada vez que ele errar o alvo deverá pagar R$ 10,00. Não há cobrança inicial para participar do jogo. Um participante deu 80 tiros e, ao final, recebeu R$ 100,00.

Qual foi o número de vezes que esse participante acertou o alvo?

a) 30
b) 36
c) 50
d) 60
e) 64

13. (Cefet-MG) Analise o esquema seguinte.

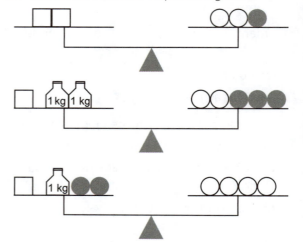

Se os pratos da balança estão equilibrados, então a soma dos pesos dos objetos ☐, ○ e ●, em kg, é

a) menor que 1.
b) maior que 2,5.
c) maior que 1 e menor que 1,5.
d) maior que 1,5 e menor que 2.
e) maior que 2 e menor que 2,5.

14. (Ifsul-RS) Em uma equação química balanceada o número de átomos de cada elemento nos reagentes é igual ao número de átomos de cada elemento dos produtos, uma vez que os átomos não são criados nem destruídos. Ou seja, balancear uma equação química é o mesmo que acertar os coeficientes no 1º e no 2º membros da equação de maneira a igualar o número de átomos de cada elemento, como em $NH_4NO_3 \rightarrow N_2O + 2H_2O$. Um dos métodos de balanceamento é o algébrico, através de Sistemas Lineares.

Nesse sentido, quais os valores inteiros de X, Y *e* Z, respectivamente, para que a equação abaixo fique balanceada?

$$XC_4H_{10}O + 6O_2 \rightarrow YCO_2 + ZH_2O$$

a) 1, 2 e 4

b) 1, 4 e 5

c) 2, 5 e 1

d) 3, 6 e 4

15. (MACK-SP) Um teste de matemática tem questões valendo 1 ponto, 2 pontos e 3 pontos. Se um estudante obteve 55 pontos em 30 questões desse teste e acertou 5 questões de 2 pontos a mais do que o número de questões de 1 ponto que ele acertou, o número de questões de 3 pontos, respondidas corretamente por ele, foi

a) 1

b) 2

c) 3

d) 4

e) 5

GEOMETRIA ESPACIAL

GEOMETRIA ESPACIAL DE POSIÇÃO

PRIMEIRAS NOÇÕES

Ponto, reta e plano são elementos considerados **primitivos**, isto é, não são definidos. Mesmo que não sejam dadas quaisquer definições deles, temos a noção do que significam. Indicaremos pontos por letras maiúsculas (A, B, C, ...), retas por letras minúsculas (r, s, t, ...) e planos por letras gregas minúsculas (α, β, γ,...).

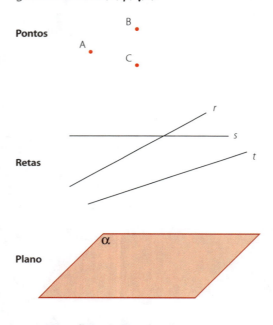

DEFINIÇÕES, POSTULADOS E TEOREMAS

Definição 1:

Espaço é o conjunto formado por todos os pontos.

Definição 2:

Figura geométrica é qualquer conjunto não vazio de pontos.

Definição 3:

Duas ou mais figuras são ditas **coplanares** se todos os seus pontos pertencem ao mesmo plano.

Postulado 1:

Numa reta e fora dela existem tantos pontos quantos quisermos.

Postulado 2:

Num plano e fora dele existem tantos pontos quantos quisermos.

Postulado 3:

Dois pontos distintos do espaço determinam uma única reta.

Postulado 4:

Dados três pontos distintos não colineares do espaço, existe um único plano que os contém.

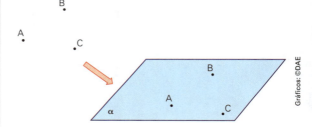

Postulado 5:

Se uma reta possui dois pontos distintos num plano, ela está contida nesse plano.

Postulado 6:

Por um ponto passa uma única reta paralela a uma reta dada.

Definição 4:

Dois planos distintos que têm um ponto em comum são chamados **planos secantes**.

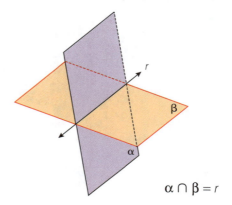

$\alpha \cap \beta = r$

Postulado 7:

Se dois planos distintos têm um ponto em comum, eles têm pelo menos um outro ponto em comum.

Teorema 1:

Uma reta e um ponto não pertencente a ela determinam um único plano.

Teorema 2:

Duas retas concorrentes determinam um único plano.

Teorema 3:

Duas retas paralelas determinam um único plano.

Definição 5:

Dois planos distintos são **paralelos** quando não têm ponto em comum.

Observação:

Se dois planos no espaço têm todos os pontos em comum, eles são denominados **planos coincidentes**. Assim, se α e β são planos coincidentes, tem-se: $\alpha \cap \beta = \alpha = \beta$.

Teorema 4:

Se dois planos distintos têm um ponto em comum, a intersecção desses planos é uma única reta que passa por aquele ponto.

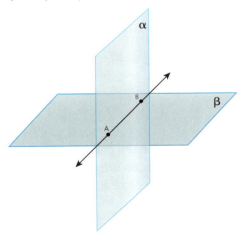

Definição 6:

Se uma reta e um plano têm em comum um único ponto, dizemos que a reta e o plano são **secantes**.

Definição 7:

Se uma reta e um plano não têm nenhum ponto em comum, dizemos que a reta e o plano são **paralelos**.

Teorema 5:

Se uma reta não está contida num plano e é paralela a uma reta do plano, ela é paralela ao plano.

Teorema 6:

Se um plano contém duas retas concorrentes, ambas paralelas a outro plano, esses planos são paralelos.

Definição 8:

Se duas retas não têm nenhum ponto em comum e não existe plano que as contenha, elas são ditas retas **reversas**.

Observação:

Além dos teoremas mencionados, também são teoremas (propriedades):

- Se uma reta é paralela a um plano, ela é paralela a infinitas retas contidas no plano.
- Se uma reta é paralela a um plano, ela é reversa com infinitas retas desse plano.
- Se uma reta é secante com um plano, ela é concorrente com infinitas retas desse plano.
- Se uma reta é secante com um plano, ela é reversa com infinitas retas desse plano.
- Se uma reta está contida num plano, ela é paralela ou concorrente com infinitas retas desse plano.
- Se dois planos distintos são paralelos, toda reta contida em um deles é paralela ao outro plano.
- Se um plano intercepta dois planos paralelos, as intersecções serão retas paralelas.

PERPENDICULARISMO

ÂNGULO ENTRE RETAS

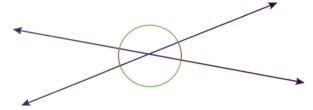

- Quando quatro ângulos são congruentes, cada um deles é denominado **ângulo reto** e as retas são chamadas de **retas perpendiculares**.
- Se as retas concorrentes não são perpendicu-

lares, dizemos que elas são **retas oblíquas**.

Definição:

O ângulo entre duas retas reversas é o ângulo formado por duas retas concorrentes, paralelas às retas dadas.

Definição:

Quando duas retas são reversas e formam ângulo reto, são denominadas **retas ortogonais.**

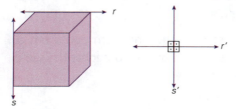

Definição:

Quando uma reta é secante a um plano num ponto e perpendicular a todas as retas do plano que passam por esse ponto, dizemos que a ela é **perpendicular ao plano.**

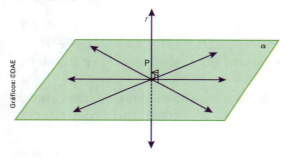

Definição:

Quando dois planos são secantes e um deles contém uma reta perpendicular ao outro, dizemos que os **planos são perpendiculares**.

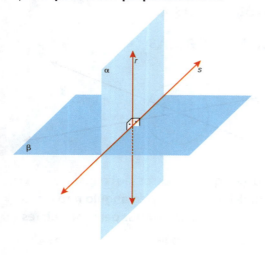

PROJEÇÕES ORTOGONAIS E DISTÂNCIA

Definição:

Projeção ortogonal de um ponto sobre um plano é o pé da perpendicular ao plano conduzida pelo ponto.

Definição:

Projeção ortogonal de uma figura sobre um plano é o conjunto das projeções ortogonais dos pontos da figura sobre esse plano.

Definição:

(I) Se a reta r é perpendicular ao plano α, sua projeção ortogonal sobre o plano é o ponto em que r "fura" o plano.

(II) Se a reta r não é perpendicular ao plano α, sua projeção ortogonal sobre o plano é a intersecção de α com o plano β, perpendicular a α conduzido por r.

Definição:

A distância entre dois pontos distintos A e B é a medida do segmento AB em uma dada unidade de comprimento.

Definição:

Dados um ponto P e uma reta r, podemos traçar uma reta que passa por P e é perpendicular a r no ponto P'. A distância do ponto P à reta r é a distância entre os pontos P e P'.

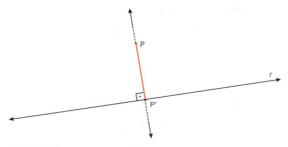

Definição:

Dados um ponto P e um plano α, podemos determinar P', que é a projeção ortogonal de P sobre o plano α. A distância do ponto P ao plano α é a distância entre os pontos P e P'.

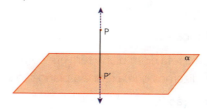

Definição:

Dadas duas retas *r* e *s*, paralelas entre si, a distância entre essas retas é a distância de um ponto P qualquer de uma delas até a outra.

Definição:

A distância entre um plano α e uma reta *r*, paralela a α, é a distância entre um ponto qualquer P da reta *r* ao plano α.

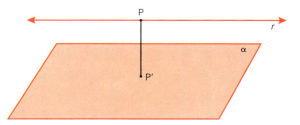

Definição:

A distância entre dois planos α e β paralelos é a distância de um ponto P qualquer de um deles ao outro plano.

POLIEDROS

Poliedros são sólidos geométricos cujas superfícies são formadas apenas por polígonos planos.

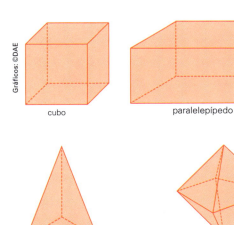

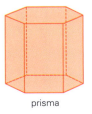
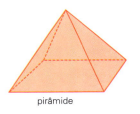

Relação de Euler:

Num poliedro convexo, sendo F o número de faces, V o número de vértices e A o número de arestas, vale a relação:

$$V + F = A + 2$$

Observação:

Todo poliedro convexo satisfaz a relação de Euler; porém, nem todo poliedro que satisfaz a relação de Euler é convexo.

Um poliedro convexo é regular quando:

- Suas faces são polígonos regulares e congruentes.
- Em cada vértice concorre o mesmo número de arestas.

A soma das medidas de todos os ângulos internos das faces de um poliedro convexo (S_F) é dada pela expressão:

$$S_F = (V-2) \cdot 360°$$

Sendo V o número total de vértices desse poliedro.

PRISMAS

Quanto ao número de arestas da base: como as bases de um prisma são polígonos congruentes, podemos conceber quantos prismas quisermos conforme imaginemos suas bases.

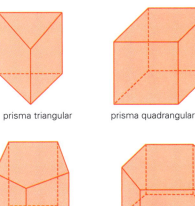

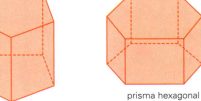

Geometria espacial

Quanto à inclinação das arestas laterais: se as arestas laterais são perpendiculares aos planos das bases, temos um **prisma reto**. Se, porém, as arestas laterais são não perpendiculares (oblíquas) aos planos das bases, temos um **prisma oblíquo**.

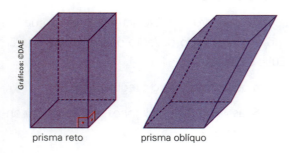
prisma reto   prisma oblíquo

PRISMA REGULAR

Quando, num prisma reto, os polígonos das bases são regulares, temos o **prisma regular**. Pelo fato de o prisma ser reto, as faces laterais serão formadas por retângulos congruentes.

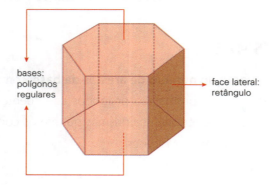

bases: polígonos regulares

face lateral: retângulo

ÁREA DA SUPERFÍCIE DE UM PRISMA

A área total de um prisma, simbolizada por A_t, pode ser calculada pela relação:

$$A_t = A_L + 2 \cdot A_b$$

Sendo A_b a área de cada base e A_L a área lateral.

PARALELEPÍPEDO E CUBO

- A área total A_t de um paralelepípedo retângulo de dimensões a, b, e c é dada por:

$$A_t = 2(ab + ac + bc)$$

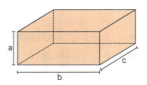

- A medida da diagonal d de um paralelepípedo retângulo de arestas medindo a, b e c é dada por:

$$d = \sqrt{a^2 + b^2 + c^2}$$

- A área total A_t de um cubo de aresta medindo a é dada por:

$$A_t = 6a^2$$

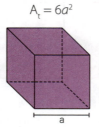

A medida da diagonal d de um cubo de arestas medindo a é dada por:

$$d = a\sqrt{3}$$

VOLUME DO PRISMA

- O volume de um paralelepípedo retangular é o produto das medidas reais positivas de suas arestas. Em símbolos, sendo V o volume e a, b e c as medidas das arestas, temos:

$$V = a \cdot b \cdot c$$

- O volume de um cubo de aresta a é:

$$V = a^3$$

- O volume V de um prisma de altura h e área da base A_b é dado por:

$$V = A_b \cdot h$$

PIRÂMIDES

ELEMENTOS DE UMA PIRÂMIDE

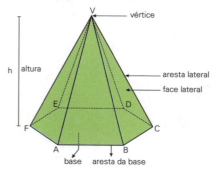

Base: é o polígono convexo situado no plano α.

Vértice: é o ponto V não pertencente ao plano α.

Aresta da base: é o lado do polígono que forma a base.

Aresta lateral: é cada segmento AV, BV, CV, DV, EV e FV.

Face lateral: é cada triângulo VAB, VBC, VCD, VDE, VEF e VFA.

Altura: é a distância do vértice da pirâmide ao plano da base.

São exemplos de pirâmides regulares:

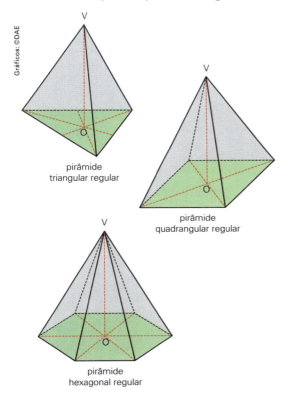

São características de uma pirâmide regular:
- As faces laterais são triângulos isósceles congruentes;
- A projeção ortogonal do vértice sobre o plano da base é o centro do polígono da base;

RELAÇÕES MÉTRICAS NUMA PIRÂMIDE

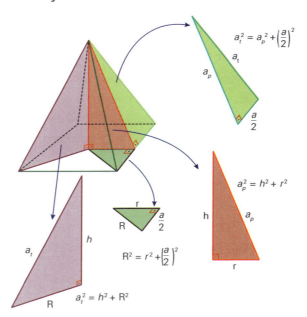

ÁREA DA SUPERFÍCIE DE UMA PIRÂMIDE

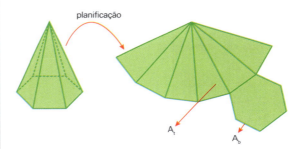

A área total da superfície de uma pirâmide, representada por A_t, pode ser calculada pela relação:

$A_t = A_L + A_b$

Sendo A_b a área da base e A_L a área lateral da pirâmide.

VOLUME DE UMA PIRÂMIDE

O volume V de uma pirâmide de altura h e área da base A_b é dada por:

$$V = \frac{1}{3} \cdot A_b \cdot h$$

Exercícios

EXERCÍCIOS RESOLVIDOS

1. Sabe-se que um poliedro convexo é formado por faces quadrangulares e 4 faces triangulares. Além disso, sabe-se também que soma dos ângulos de todas as faces é igual a 1 080°. Determine o número total de arestas desse poliedro.

Como conhecemos a soma das medidas dos ângulos de todas as faces, vamos determinar o número de vértices desse poliedro:

$S_F = (V - 2) \cdot 360°$
$1080° = (V - 2) \cdot 360°$
$3 = V - 2$
$V = 5$

Vamos considerar que x representa o número de faces quadrangulares. Dessa forma, podemos escrever:

$F = F_4 + F_3$
$F = x + 4$ (I)

Utilizando a relação entre faces e arestas, vem:

$nF = 2A$
$4 \cdot x + 3 \cdot 4 = 2A$
$4x + 12 = 2A$
$2x + 6 = A$ (II)

Como conhecemos o número de vértices, substituímos (I) e (II) na relação de Euler:

$V + F = A + 2$
$5 + x + 4 = 2x + 6 + 2$
$9 + x = 2x + 8$
$x = 1$
$A = 2x + 6$
$A = 2 \cdot 1 + 6 \Rightarrow A = 8$

Portanto, o poliedro possui 8 arestas.

2. Considere que as medidas das arestas de um paralelepípedo retângulo são diretamente proporcionais a 3, 4 e 5 e que a soma dessas medidas é igual a 48 cm. Obtenha a área total e o volume desse sólido.

Vamos considerar que as medidas das arestas do paralelepípedo sejam a, b e c, conforme figura a seguir:

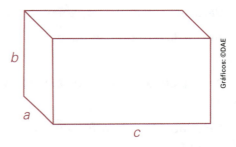

Conforme o enunciado e considerando que a constante de proporcionalidade é k, temos:

$\dfrac{a}{3} = \dfrac{b}{4} = \dfrac{c}{5} = k \Rightarrow \begin{cases} a = 3k \\ b = 4k \\ c = 5k \end{cases}$

$a + b + c = 48$
$3k + 4k + 5k = 48$
$12k = 48$

$k = 4 \Rightarrow \begin{cases} a = 12 \\ b = 16 \\ c = 20 \end{cases}$

Cálculo da área total

$A_t = 2 \cdot (12 \cdot 16 + 12 \cdot 20 + 16 \cdot 20)$
$A_t = 2 \cdot (192 + 240 + 320)$
$A_t = 1504 \Rightarrow 1504 \text{ cm}^2$

Cálculo do volume

$V = abc$
$V = 12 \cdot 16 \cdot 20$
$V = 3\,840 \Rightarrow 3\,840 \text{ cm}^3$

3. (Fuvest-SP) O sólido da figura é formado pela pirâmide SABCD sobre o paralelepípedo reto ABCDEFGH. Sabe-se que S pertence à reta determinada por A e E e que $\overline{AE} = 2$ cm, $\overline{AD} = 4$ cm e $\overline{AB} = 5$ cm.

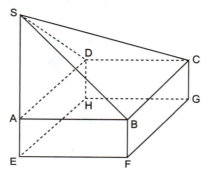

A medida do segmento SA que faz com que o volume do sólido seja igual a $\frac{4}{3}$ do volume da pirâmide SEFGH é

a) 2 cm
b) 4 cm
c) 6 cm
d) 8 cm
e) 10 cm

Como, pelo enunciado, ABCDEFGH é paralelepípedo reto, temos $\overline{EF} = \overline{AB}$ e $\overline{EH} = \overline{AD}$. Assim, temos que:

$V_{sólido} = \frac{4}{3} \cdot V_{pirâm. maior}$

$V_{paral.} + V_{pirâm. menor} = \frac{4}{3} \cdot V_{pirâm. maior}$

$2 \cdot 4 \cdot 5 + \frac{1}{3} \cdot 4 \cdot 5 \cdot h = \frac{4}{3} \cdot \left[\frac{1}{3} \cdot 4 \cdot 5 \cdot (h+2)\right]$

$40 + \frac{20h}{3} = \frac{80(h+2)}{9}$

$360 + 60h = 80h + 160$

$200 = 20h \Rightarrow h = SA = 10$

4. (PUC-RJ) O diagrama abaixo mostra uma pilha de caixas cúbicas iguais, encostadas no canto de um depósito.

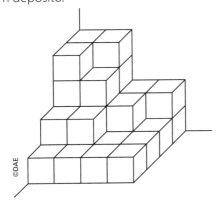

Se a aresta de cada caixa é de 30 cm, então o volume total dessa pilha, em metros cúbicos, é de:

a) 0,513
b) 0,729
c) 0,810
d) 0,837
e) 0,864

Pela figura podemos determinar a quantidade de cubos n, isto é:

$n = 4 \cdot 4 + 9 + 4 + 3$
$n = 32$

Assim, o volume total dessa pilha é igual a 32 vezes o volume de cada cubo:

$V = 32 \cdot V_{cubo}$
$V = 32 \cdot a^3$
$V = 32 \cdot 0,3^3$
$V = 32 \cdot 0,027$
$V = 0,864 \Rightarrow 0,864 \text{ m}^3$

EXERCÍCIOS PROPOSTOS

1. (UPE) Analise as afirmativas a seguir, relativas à geometria espacial e coloque V nas verdadeiras e F nas falsas.

( ) Se uma reta está contida em um plano, então toda reta perpendicular a ela será perpendicular ao plano.

( ) Se dois planos distintos são paralelos, então toda reta perpendicular a um deles é paralela ao outro.

( ) Se dois planos distintos são paralelos a uma reta fora deles, então eles são paralelos entre si.

( ) Se dois planos distintos são paralelos, qualquer reta de um deles é paralela a qualquer reta do outro.

Assinale a alternativa que apresenta a sequência correta.

a) F – F – V – V
b) F – V – V – F
c) F – F – F – F
d) V – F – F – V
e) V – V – F – F

2. (IFPE) Uma folha retangular de papelão de 40 cm por 30 cm será utilizada para confeccionar uma caixa, sem tampa, em forma de paralelepípedo, de base retangular. Para isso, deve-se, a partir desta folha de papelão, retirar 4 quadrados de lado 5 cm de cada um dos vértices e, em seguida, dobrar os lados, conforme a figura abaixo:

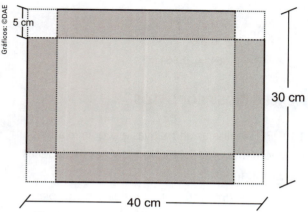

Determine, em litros, o volume dessa caixa.

a) 3 litros
b) 2 litros
c) 1 litro
d) 4 litros
e) 5 litros

3. (Unicamp-SP) Considere os três sólidos exibidos na figura abaixo, um cubo e dois paralelepípedos retângulos, em que os comprimentos das arestas, a e b são tais que $a > b > 0$.

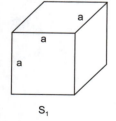
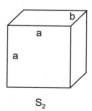
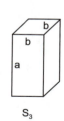

a) Determine a razão $r = a/b$ para a qual o volume de S_1 é igual à soma dos volumes de S_2 e S_3.

b) Sabendo que a soma dos comprimentos de todas as arestas dos três sólidos é igual a 60 cm, determine a soma das áreas de superfície dos três sólidos.

4. (UPE) O sólido representado a seguir foi obtido acoplando-se um prisma triangular reto de 4 cm de altura a um paralelepípedo reto de dimensões 4 cm, 4 cm e 2 cm, conforme a figura.

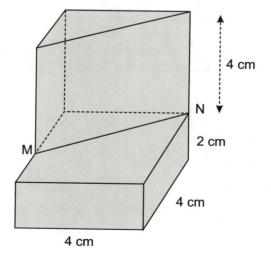

106 Caderno de revisão

Se M é ponto médio da aresta do paralelepípedo, qual é a área total da superfície do referido sólido?

Adote $\sqrt{5} \cong 2,2$.

a) 99,6 cm²
b) 103,6 cm²
c) 105,6 cm²
d) 107,6 cm²
e) 109,6 cm²

5. (UFRGS-RS) Considere ABCDEFGH um paralelepípedo reto-retângulo conforme representado na figura abaixo.

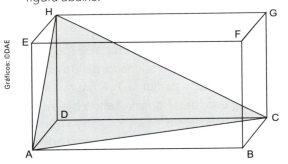

Se as arestas do paralelepípedo medem 3, 6 e 10, o volume do sólido ACDH é

a) 10.
b) 20.
c) 30.
d) 60.
e) 90.

6. (UFPR) Temos, abaixo, a planificação de uma pirâmide de base quadrada, cujas faces laterais são triângulos equiláteros. Qual é o volume dessa pirâmide?

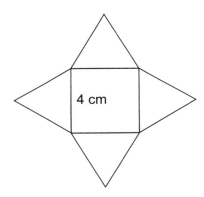

a) $\dfrac{16}{3}\sqrt{3}$ cm³.

b) $16\sqrt{3}$ cm³.

c) 32 cm³.

d) $\dfrac{32}{3}\sqrt{2}$ cm³.

e) $\dfrac{64}{3}$ cm³.

à redução de custos, a área superficial da embalagem é a menor possível. Nesse caso, o valor de *a* corresponde, em decímetros, à raiz real da seguinte equação:

$$4a - \frac{32}{a^2} = 0$$

As medidas da embalagem, em decímetros, são:

a) $a = 1; h = 2$

b) $a = 1; h = 4$

c) $a = 2; h = 4$

d) $a = 2; h = 2$

7. (Acafe-SC) Uma peça de madeira tem a forma de uma pirâmide hexagonal regular com 21 cm de altura. Essa peça é seccionada por um plano paralelo à base, de forma que o volume da pirâmide obtida seja $\frac{8}{27}$ do volume da pirâmide original. A distância (em cm) da base da pirâmide até essa secção é um número:

a) fracionário.

b) primo.

c) múltiplo de 3.

d) quadrado perfeito.

8. (Uerj) Um fabricante produz embalagens de volume igual a 8 litros no formato de um prisma reto com base quadrada de aresta *a* e altura *h*. Visando

9. (Unesp-SP) Um cubo com aresta de medida igual a *x* centímetros foi seccionado, dando origem ao prisma indicado na figura 1. A figura 2 indica a vista superior desse prisma, sendo que AEB é um triângulo equilátero.

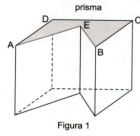

Figura 1

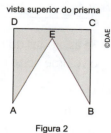

Figura 2

Sabendo-se que o volume do prisma da figura 1 é igual a $2(4 - \sqrt{3})$ cm³, *x* é igual a

a) 2

b) $\frac{7}{2}$

c) 3

d) $\frac{5}{2}$

e) $\frac{3}{2}$

10. (UEG-GO) Alterando-se as dimensões de uma caixa retangular de altura h, as dimensões da base serão multiplicadas por k e as da altura somado k, em que k é uma constante positiva e não nula. Logo, verifica-se que o volume da nova caixa será em relação à anterior

a) k^3 vezes maior

b) $k^2 + kh$ vezes maior

c) $k^2 + \dfrac{k^3}{h}$ vezes maior

d) $k^3 + \dfrac{\sqrt{h}}{k}$ vezes maior

11. (UFJF-MG) Sejam r uma reta e β_1 e β_2 dois planos no espaço, considere as seguintes afirmações:

I. Se $r \cap \beta_1 = \{P_1\}$ e $r \cap \beta_2 = \{P_2\}$, com P_1 e P_2 pontos distintos, então β_1 é paralelo a β_2.

II. $r \cap \beta_1 = \varnothing$ e $r \cap \beta_2 = \varnothing$, então β_1 é paralelo a β_2 ou β_1 é coincidente de β_2

III. Se existem dois pontos distintos em $r \cap \beta_1$, então $r \cap \beta_1 = r$.

É correto afirmar que:

a) Apenas I é verdadeira.

b) Apenas II é verdadeira.

c) Apenas III é verdadeira.

d) Apenas I e II são verdadeiras.

e) Apenas II e III são verdadeiras.

12. (PUC-RJ) O que acontece com o volume de um paralelepípedo quando aumentamos a largura e a altura em 10% e diminuímos a profundidade em 20%?

a) Não se altera.

b) Aumenta aproximadamente 3%.

c) Diminui aproximadamente 3%.

d) Aumenta aproximadamente 8%.

e) Diminui aproximadamente 8%.

13. (PUC-RS) Um paralelepípedo possui dimensões 3 cm, 8 cm e 9 cm. A medida da aresta de um cubo que possui volume igual ao do paralelepípedo é, em centímetros,

a) 3
b) 4
c) 6
d) 8
e) 9

14. (Uerj) Um cubo de aresta EF medindo 8 dm contém água e está apoiado sobre um plano α de modo que apenas a aresta EF esteja contida nesse plano. A figura abaixo representa o cubo com a água.

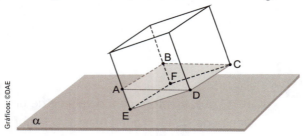

Considere que a superfície livre do líquido no interior do cubo seja um retângulo ABCD com área igual a $32\sqrt{5}\,dm^2$.

Determine o volume total, em dm³, de água contida nesse cubo.

15. (Unesp-SP) Quando os meteorologistas dizem que a precipitação da chuva foi de 1mm, significa que houve uma precipitação suficiente para que a coluna de água contida em um recipiente que não se afunila como, por exemplo, um paralelepípedo reto-retângulo, subisse 1mm. Essa precipitação, se ocorrida sobre uma área de 1 m², corresponde a 1 litro de água.

O esquema representa o sistema de captação de água da chuva que cai perpendicularmente à superfície retangular plana e horizontal da laje de uma casa, com medidas 8 m por 10 m. Nesse sistema, o tanque usado para armazenar apenas a água captada da laje tem a forma de paralelepípedo reto-retângulo, com medidas internas indicadas na figura.

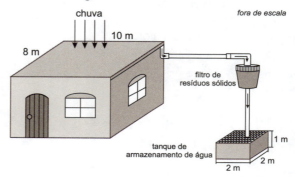

Estando o tanque de armazenamento inicialmente vazio, uma precipitação de 10 mm no local onde se encontra a laje da casa preencherá

a) 40% da capacidade total do tanque.
b) 60% da capacidade total do tanque.
c) 20% da capacidade total do tanque.
d) 10% da capacidade total do tanque.
e) 80% da capacidade total do tanque.

ANÁLISE COMBINATÓRIA

PRINCÍPIO FUNDAMENTAL DA CONTAGEM

Se um acontecimento A_1 pode ocorrer de n_1 maneiras distintas e, para cada uma dessas maneiras, um acontecimento A_2 pode ocorrer de n_2 maneiras distintas, a quantidade de possibilidades de ocorrência dos acontecimentos A_1 e A_2 é dada pelo produto $n_1 \cdot n_2$.

Exemplo:

Lançamos a mesma moeda para cima quatro vezes consecutivas. Quantas são as sequências de resultados possíveis quanto a cara ou coroa?

Observe que esse acontecimento (lançamento da moeda quatro vezes consecutivamente) é composto de quatro etapas. Como em cada etapa podem ocorrer apenas dois resultados (cara ou coroa), pelo princípio multiplicativo obtemos o total de sequências possíveis:

$n = 2 \cdot 2 \cdot 2 \cdot 2 \Rightarrow n = 16$

PERMUTAÇÕES

Dado um conjunto com n elementos, denomina-se **permutação** desses n elementos qualquer sequência de n elementos na qual apareçam todos os elementos do conjunto.

CÁLCULO DO NÚMERO DE PERMUTAÇÕES

Se tivermos n elementos distintos e desejarmos calcular o número total de permutações que podemos formar com esses n elementos, basta considerarmos que eles serão posicionados um ao lado do outro, em n posições.

Pelo princípio multiplicativo, o número total de maneiras existentes é obtido multiplicando-se esses números de possibilidades nas etapas:

O número total de permutações simples de n elementos, representado por P_n, é obtido por:

$P_n = n \cdot (n-1) \cdot (n-2) \cdot (n-3) \cdot (...) \cdot 3 \cdot 2 \cdot 1$

Note que são agrupamentos ordenados (sequências) de n elementos. Sendo assim, o que diferencia um agrupamento do outro é a ordem de seus elementos. Tais agrupamentos são conhecidos como **permutações simples.**

FATORIAL DE UM NÚMERO NATURAL

O fatorial do número natural n ($n \geq 2$), indicado por $n!$ (lemos: fatorial de n ou n fatorial), é o produto dos números naturais de 1 a n, ou seja:

$n! = n \cdot (n-1) \cdot (n-2) \cdot (n-3) \cdot (...) \cdot 3 \cdot 2 \cdot 1$

Para $n = 0$, define-se: $0! = 1$

Para $n = 1$, define-se: $1! = 1$

Observações:

1. Como o fatorial de um número natural $n \geq 2$ é o produto dos números naturais de 1 a n, podemos dizer que o número total de permutações simples de n elementos pode ser calculado por: $P_n = n!$

2. Uma consequência imediata da definição de fatorial de n é que, para qualquer número natural $n \geq 2$, podemos escrever:

   $n! = n \cdot (n-1)!$

PERMUTAÇÃO COM REPETIÇÃO

Dados n elementos, dos quais n_1 é igual a a_1, n_2 é igual a a_2, n_3 é igual a a_3, ..., n_k é igual a a_k, sendo $n_1 + n_2 + n_3 + ... + n_k = n$, o número de permutações possíveis desses elementos é dado por:

$$P_n^{n_1, n_2, n_3, \dots, n_k} = \frac{n!}{(n_1!) \cdot (n_2!) \cdot (n_3!) \cdot (\dots) \cdot (n_k!)}$$

PERMUTAÇÃO CIRCULAR

O número total de permutações circulares de n elementos distintos é determinado por:

$$PC_n = \frac{n!}{n} = (n-1)!$$

COMBINAÇÕES SIMPLES

Em Análise Combinatória, o tipo de agrupamento em que a ordem dos elementos não faz diferença é conhecido como **combinação**. De modo geral, dizemos que a essência das situações de combinação está na formação de subconjuntos a partir dos elementos de um conjunto dado.

Considere um conjunto com n elementos $\{a_1, a_2, a_3, a_4, \dots, a_n\}$ e que queremos escolher p desses elementos ($p \leq n$) para formar subconjuntos com p elementos. Cada escolha desses elementos é denominada **combinação simples de n elementos tomados p a p**.

O número total de combinações simples de n elementos tomados p e p, com $n \geq p$, é calculado por:

$$C_n^p = \frac{n!}{p!(n-p)!}$$

COMBINAÇÕES E ARRANJOS

As situações de contagem em que a ordem ou posição dos elementos interessam são denominadas arranjos simples. Tais situações podem ser resolvidas por meio do princípio multiplicativo. Quando dispomos de n elementos de um conjunto e formamos sequências (interessa a ordem desses elementos) de p desses elementos, cada uma dessas sequências é conhecida como arranjo simples (os elementos são distintos).

Dado n elementos distintos, o número de arranjos desses elementos tomados p a p, sendo $n \geq p$, é determinado por:

$$A_n^p = \frac{n!}{(n-p)!}$$

Observação:

Considerando que $C_n^p = \dfrac{n!}{p! \cdot (n-p)!}$ e $P_n = n!$, podemos dizer que: $A_n^p = C_n^p \cdot P_n$.

BINÔMIO DE NEWTON

PROPRIEDADES DAS COMBINAÇÕES

C_0^0			1				
$C_1^0 \; C_1^1$			1 \; 1				
$C_2^0 \; C_2^1 \; C_2^2$	Calculando as combinações		1 \; 2 \; 1				
$C_3^0 \; C_3^1 \; C_3^2 \; C_3^3$	$\rightarrow$		1 \; 3 \; 3 \; 1				
$C_4^0 \; C_4^1 \; C_4^2 \; C_4^3 \; C_4^4$			1 \; 4 \; 6 \; 4 \; 1				
$C_5^0 \; C_5^1 \; C_5^2 \; C_5^3 \; C_5^4 \; C_5^5$			1 \; 5 \; 10 \; 10 \; 5 \; 1				
$C_6^0 \; C_6^1 \; C_6^2 \; C_6^3 \; C_6^4 \; C_6^5 \; C_6^6$			1 \; 6 \; 15 \; 20 \; 15 \; 6 \; 1				

- Taxas complementares: $C_n^p = C_n^{n-p}$ com $n, p \in \mathbb{N}$ e $n \geq p$.

- Soma dos elementos de uma linha: $C_n^0 + C_n^1 + C_n^2 + \dots + C_n^{n-1} + C_n^n = 2^n$.

- Relação de Stifel: $C_{n-1}^{p-1} + C_{n-1}^p = C_n^p$.

FÓRMULA DO DESENVOLVIMENTO DE UM BINÔMIO

Sendo n um número natural, tem-se que:

$$(x + a)^n = C_n^0 x^n + C_n^1 a^1 x^{n-1} + C_n^2 a^2 x^{n-2} + \dots$$
$$\dots + C_n^{n-2} a^{n-2} x^2 + C_n^{n-1} a^{n-1} x^1 + C_n^n a^n$$

FÓRMULA DO TERMO GERAL

O termo geral do desenvolvimento de $(x + a)^n$, sendo n um número natural, é dado por:

$$T_{k+1} = C_n^k \cdot a^k \cdot x^{n-k}$$

Para $k \in \mathbb{N}$, tal que $0 \leq k \leq n$.

Observação:

Para determinar a soma dos coeficientes numéricos do desenvolvimento de um binômio, não é necessário fazer o desenvolvimento completo. Basta observar que, ao substituirmos as variáveis no binômio pelo número 1, obtemos a soma dos coeficientes.

Exercícios

EXERCÍCIOS RESOLVIDOS

1. (Uern) Em uma sorveteria, há x sabores de sorvete e y sabores de cobertura. Combinando um sabor de sorvete com dois ou três sabores de cobertura tem-se, respectivamente, 150 ou 200 diferentes opções de escolha.

   Assim, conclui-se que o número de sabores de cobertura disponível é

   a) 4.
   b) 5.
   c) 6.
   d) 7.

   Ao escolher os sabores, estamos efetuando combinações. Fazendo a relação entre as combinações de 2 e 3 sabores de cobertura, temos:

   $$\frac{C_y^3}{C_y^2} = \frac{200}{150}$$

   $$\frac{\frac{y!}{(y-3)! \cdot 3!}}{\frac{y!}{(y-2)! \cdot 2!}} = \frac{200}{150}$$

   $$\frac{y!}{(y-3)! \cdot 3!} \cdot \frac{(y-2)! \cdot 2!}{y!} = \frac{200}{150}$$

   $$\frac{(y-2) \cdot (y-3)! \cdot 2!}{(y-3)! \cdot 3 \cdot 2!} = \frac{200}{150}$$

   $$\frac{y-2}{3} = \frac{200}{150}$$

   $150y - 300 = 600$
   $150y = 900 \Rightarrow y = 6$

   Portanto, o número de sabores de cobertura é 6.

2. (Unifesp) Um tabuleiro de xadrez possui 64 casas quadradas. Duas dessas casas formam uma dupla de casas contíguas se estão lado a lado, compartilhando exatamente um de seus lados. Veja dois exemplos de duplas de casas contíguas nos tabuleiros.

   Dispõem-se de duas peças, uma na forma ☺, e outra na forma ☹, sendo que cada uma cobre exatamente uma casa do tabuleiro.

   a) De quantas maneiras diferentes é possível colocar as peças ☺ e ☹ em duplas de casas contíguas de um tabuleiro de xadrez?

   b) Considere as 64 casas de um tabuleiro de xadrez como sendo os elementos de uma matriz $A = (a_{ij})_{8 \times 8}$. Coloca-se a peça ☺, ao acaso, em uma casa qualquer do tabuleiro tal que $i = j$. Em seguida, a peça ☹ será colocada, também ao acaso, em uma casa qualquer do tabuleiro que esteja desocupada. Na situação descrita, calcule a probabilidade de que as peças ☺ e ☹ tenham sido colocadas em duplas de casas contíguas do tabuleiro.

   a) Observe inicialmente que há três tipos de casas no tabuleiro:

   4 situadas nos vértices;

   24 nas bordas, exceto os vértices;

   36 interiores.

   Para cada uma das casas nos vértices, associamos 2 casas contíguas, 3 para cada uma das casas nas bordas e 4 para cada uma das interiores.

   Assim, utilizando o princípio multiplicativo, o número n de maneiras é:

   $n = 4 \cdot 2 + 24 \cdot 3 + 36 \cdot 4$
   $n = 8 + 72 + 144 \Rightarrow n = 224$

   b) Considerando as casas a_{11} e a_{11}, temos duas casas contíguas; enquanto, para as outras 6 casas do tipo $i = j$, temos 4 casas contíguas. A probabilidade p é:

   $$p = \frac{1}{8} \cdot \left(2 \cdot \frac{2}{63} + 6 \cdot \frac{4}{63}\right)$$

   $$p = \frac{1}{18}$$

3. (Unesp-SP) Um torneio de futebol será disputado por 16 equipes que, ao final, serão classificadas do 1º ao 16º lugar. Para efeitos da classificação final, as regras do torneio impedem qualquer tipo de empate.

   Considerando para os cálculos $\log 15! = 12$ e $\log 2 = 0,3$, a ordem de grandeza do total de classificações possíveis das equipes nesse torneio é de

a) bilhões.

b) quatrilhões.

c) quintilhões.

d) milhões.

e) trilhões.

O número de classificações possíveis corresponde ao total de permutações de 16 elementos, isto é:

$P_{16} = 16!$

Fazendo $x = 16!$ e aplicando logaritmo decimal, temos:

$\log x = \log 16!$
$\log x = \log(16 \cdot 15!)$
$\log x = \log 2^4 + \log 15!$
$\log x = 4 \cdot \log 2 + \log 15!$
$\log x \cong 4 \cdot 0,3 + 12$
$\log x \cong 13,2$
$x \cong 10^{13,2}$

Como x está mais próximo de 10^{12} do que de 10^{15}, concluímos que a ordem de grandeza é de trilhões.

4. O termo independente de x no desenvolvimento de $\left(x^3 - \dfrac{1}{x^2}\right)^{10}$ é igual a

a) 110

b) 210

c) 310

d) 410

e) 510

Considerando a fórmula do termo geral para o desenvolvimento do binômio, temos:

$T_{p+1} = C_{10}^{p} \cdot \left(x^3\right)^{10-p} \cdot \left(-x^{-2}\right)^p$

$T_{p+1} = C_{10}^{p} \cdot (-1)^p \cdot x^{30-5p}$

Para que o termo acima seja independente de x, devemos ter o expoente de x igual a zero:

$30 - 5p = 0 \Rightarrow p = 6$

Substituindo $p = 6$ na fórmula do termo geral, temos:

$T_{6+1} = C_{10}^{6}(-1)^6 \cdot x^{30-5 \cdot 6}$

$T_7 = \dfrac{10!}{4! \cdot 6!} \cdot 1 \Rightarrow T_7 = 210$

Assim, o 7º termo é independente de x.

EXERCÍCIOS PROPOSTOS

1. (Uerj) Um painel de iluminação possui nove seções distintas, e cada uma delas acende uma luz de cor vermelha ou azul. A cada segundo, são acesas, ao acaso, duas seções de uma mesma cor e uma terceira de outra cor, enquanto as seis demais permanecem apagadas.

Observe quatro diferentes possibilidades de iluminação do painel:

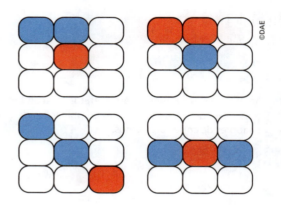

O tempo mínimo necessário para a ocorrência de todas as possibilidades distintas de iluminação do painel, após seu acionamento, é igual a x minutos e y segundos, sendo $y < 60$.

Os valores respectivos de x e y são:

a) 4 e 12

b) 8 e 24

c) 25 e 12

d) 50 e 24

2. (Unesp-SP) Está previsto que, a partir de 1º de janeiro de 2017, entrará em vigor um sistema único de emplacamento de veículos para todo o Mercosul, o que inclui o Brasil. As novas placas serão compostas por 4 letras e 3 algarismos.

Admita que no novo sistema possam ser usadas todas as 26 letras do alfabeto, incluindo repetições, e os 10 algarismos, também incluindo repetições. Admita ainda que, no novo sistema, cada carro do Mercosul tenha uma sequência diferente de letras e algarismos em qualquer ordem. Veja alguns exemplos das novas placas.

No novo sistema descrito, calcule o total de placas possíveis com o formato "Letra-Letra-Algarismo-Algarismo-Algarismo-Letra-Letra", nessa ordem. Em seguida, calcule o total geral de possibilidades de placas com 4 letras (incluindo repetições) e 3 algarismos (incluindo repetições) em qualquer ordem na placa. Deixe suas respostas finais em notação de produto ou de fatorial.

3. (Uece) Uma urna contém 50 cartelas das quais 20 são azuis, numeradas de 1 a 20, e 30 são vermelhas, numeradas de 21 a 50. De quantas formas diferentes é possível retirar três cartelas (por exemplo, duas vermelhas e uma azul, três azuis,...) dessa urna?

a) 19 600
b) 19 060
c) 16 900
d) 16 090

4. (UPF-RS) Na figura a seguir, as linhas horizontais e verticais representam ruas e os quadrados representam quarteirões. A quantidade de trajetos de comprimento mínimo ligando A a B é:

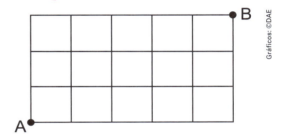

a) 40 320
b) 6 720
c) 256
d) 120
e) 56

5. (UPE) Um palíndromo ou capicua é um número, que se lê da mesma maneira nos dois sentidos, ou seja, da esquerda para a direita ou ao contrário, como 333, 1 661, 28 482.

Assinale a alternativa correspondente à quantidade de palíndromos que são números pares de cinco algarismos do nosso sistema de numeração.

a) 300

b) 400

c) 500

d) 600

e) 800

6. (Uece) Se n é um número natural maior do que dois, ao ordenarmos o desenvolvimento de $\left(x^2 + \dfrac{1}{2x}\right)^n$ segundo as potências decrescentes de x, verificamos que os coeficientes dos três primeiros termos estão em progressão aritmética. Nessas condições, o valor de n é

a) 8.

b) 6.

c) 4.

d) 10.

7. (PUC-PR) Dado o conjunto $A = \{1, 2, 3, 4, 5, 6, 8, 9, 10\}$, quantos subconjuntos com 3 elementos podem ser formados de maneira que a soma dos três elementos seja um número par?

a) 60.

b) 120.

c) 10.

d) 40.

e) 125.

8. (Cefet-MG) Como prêmio pela vitória em uma competição, serão distribuídas 12 moedas de ouro idênticas entre as três pessoas da equipe vencedora, e cada uma deverá receber, pelo menos, duas moedas. O número de maneiras distintas de efetuarmos essa distribuição é

a) 12.

b) 28.

c) 38.

d) 40.

e) 120.

9. (Uece) Um conjunto X é formado por exatamente seis números reais positivos e seis números reais negativos. De quantas formas diferentes podemos escolher quatro elementos de X, de modo que o produto destes elementos seja um número positivo?

a) 245.

b) 225.

c) 235.

d) 255.

- letras adjacentes serão pintadas de cores distintas, e
- cada letra será pintada com uma única cor.

O número de modos distintos de se realizar essa pintura é

a) 120
b) 90
c) 80
d) 50
e) 40

10. (PUC-SP) No vestiário de uma Academia de Ginástica há exatamente 30 armários, cada qual para uso individual. Se, no instante em que dois alunos dessa Academia entram no vestiário para mudar suas roupas, apenas 8 dos armários estão desocupados, quantas opções eles terão para escolher seus respectivos armários?

a) 14
b) 28
c) 48
d) 56
e) 112

11. (PUC-RJ) A quantidade de anagramas da palavra CONCURSO é:

a) 2 520
b) 5 040
c) 10 080
d) 20 160
e) 40 320

12. (Fatec-SP) Dispondo de cinco cores distintas, uma pessoa pretende pintar as letras da palavra FATEC de acordo com os seguintes critérios:

- na palavra, letras que são equidistantes da letra T terão a mesma cor;

13. (UEG-GO) Érika resolve passear com a cachorrinha Kika e, antes de sair do apartamento, escolhe colocar uma roupa e uma coleira na cachorrinha. Se Kika tem 7 roupas e 3 coleiras, todas distintas, de quantas maneiras Érika pode escolher uma roupa e uma coleira para passear com a Kika?

a) 10
b) 21
c) 35
d) 42

14. (UEM-PR) Seu João é responsável por montar as rotas do caminhão tanque de captação do leite *in natura* (do produtor até a indústria) em cinco propriedades: *A*, *B*, *C*, *D* e *E*. Em relação a essas rotas, assinale o que for correto.

01) Existem 4 rotas diferentes para escolha.

02) Existem 24 rotas diferentes, se as últimas coletas forem sempre nas propriedades *A* e *B*.

04) Existem 6 rotas diferentes, se o caminhão fizer a primeira coleta na propriedade *A* e a última na propriedade *B*.

Exercícios 117

08) Existem 48 rotas diferentes, se considerarmos as propriedades *A* e *B* vizinhas, pois o caminhão sempre que passar por uma delas passará em seguida pela outra.

16) Existem 4 rotas diferentes, se o caminhão tiver que passar pelas propriedades *A*, *B* e *C* sempre nessa ordem.

15. (Enem) Numa cidade, cinco escolas de samba (I, II, III, IV e V) participaram do desfile de Carnaval. Quatro quesitos são julgados, cada um por dois jurados, que podem atribuir somente uma dentre as notas 6, 7, 8, 9 ou 10. A campeã será a escola que obtiver mais pontuação na soma de todas as notas emitidas. Em caso de empate, a campeã será a que alcançar a maior soma das notas atribuídas pelos jurados no quesito Enredo e Harmonia. A tabela mostra as notas do desfile desse ano no momento em que faltava somente a divulgação das notas do jurado B no quesito Bateria.

Quesitos	1. Fantasia e alegoria		2. Evolução e conjunto		3. Enredo e harmonia		4. Bateria		Total
Jurado	A	B	A	B	A	B	A	B	
Escola I	6	7	8	8	9	9	8		55
Escola II	9	8	10	9	10	10	10		66
Escola III	8	8	7	8	6	7	6		50
Escola IV	9	10	10	10	9	10	10		68
Escola V	8	7	9	8	6	8	8		54

Quantas configurações distintas das notas a serem atribuídas pelo jurado B no quesito Bateria tornariam campeã a Escola II?

a) 21

b) 90

c) 750

d) 1 250

e) 3 125

PROBABILIDADE E ESTATÍSTICA

INTRODUÇÃO À TEORIA DAS PROBABILIDADES

CONCEITOS INICIAIS

- Num experimento aleatório, o conjunto formado por todos os resultados possíveis é denominado **espaço amostral**.

- Qualquer subconjunto do espaço amostral é chamado de **evento**.

Observações:

1. Quando um evento é o próprio espaço amostral Ω, dizemos que o evento é **certo**.

2. Quando um evento é o conjunto vazio Ø, dizemos que é um **evento impossível**.

3. Quando a intersecção de dois eventos é o conjunto vazio, dizemos que são eventos **mutuamente exclusivos**.

CÁLCULO DE PROBABILIDADES

DEFINIÇÃO

Seja $\Omega = \{a_1, a_2, a_3, ..., a_n\}$ um espaço amostral finito de um experimento aleatório. Os números p_1, p_2, p_3, ..., p_n são as **probabilidades** de ocorrências dos eventos elementares $\{a_1\}, \{a_2\}, \{a_3\}, ..., \{a_n\}$, respectivamente, desde que:

- Os números $p_1, p_2, p_3, ..., p_n$ sejam não negativos.

- $p_1 + p_2 + p_3 + ... + p_n = 1$

Outra maneira de definir:

Sendo $i \in \{1, 2, 3, ..., n\}$, vamos considerar o evento elementar $\{a_i\}$. A cada um desses eventos associamos um número real p_i, chamado **probabilidade** de ocorrência do evento $\{a_i\}$, tal que $0 \leq p_i \leq 1$ e $p_1 + p_2 + p_3 + ... + p_n = 1$.

De modo geral, se A é um evento qualquer de um espaço amostral equiprovável finito Ω, a probabilidade p(A) de ocorrência desse evento é:

$$p(A) = \frac{n(A)}{n(\Omega)}$$

Observação:

1. A probabilidade de ocorrência de um evento A pode ser também escrita da seguinte forma:

$$p(A) = \frac{n(A)}{n(\Omega)} = \frac{\text{número de casos favoráveis ao evento A}}{\text{número total de casos possíveis do espaço amostral}}$$

PROPRIEDADES

- A probabilidade de ocorrência de um evento A igual ao próprio espaço amostral Ω é igual a 1.

$$p(A) = \frac{n(A)}{n(\Omega)} = \frac{n(\Omega)}{n(\Omega)} = 1$$

Nesse caso, dizemos que o evento é certo.

- A probabilidade de ocorrência de um evento A igual ao conjunto vazio é zero.

$$p(A) = \frac{n(A)}{n(\Omega)} = \frac{n(\varnothing)}{n(\Omega)} = \frac{0}{n(\Omega)} = 0$$

Nesse caso, dizemos que o evento é impossível.

- A probabilidade de ocorrência de um evento A qualquer do espaço amostral Ω é tal que:

$$0 \leq p(A) \leq 1$$

- A probabilidade de ocorrência de um evento A adicionada à probabilidade de ocorrência do evento $\overline{A}$ (complementar de A em relação ao espaço amostral Ω) é igual a 1, isto é:

$$p(A) + p(\overline{A}) = 1$$

ADIÇÃO E MULTIPLICAÇÃO DE PROBABILIDADES

ADIÇÃO DE PROBABILIDADES

A probabilidade de ocorrer o evento A ou o evento B de um mesmo espaço amostral equiprovável, isto é, a probabilidade de ocorrer a união dos eventos A e B, é igual à probabilidade de ocorrer A mais a probabilidade de ocorrer B menos a probabilidade de ocorrer simultaneamente A e B. Em símbolos:

$$p(A \cup B) = p(A) + p(B) - p(A \cap B)$$

Observação:

Quando $A \cap B = \varnothing$, temos que:

$$p(A \cup B) = p(A) + p(B)$$

Neste caso dizemos que os eventos A e B são **mutuamente exclusivos**.

PROBABILIDADE CONDICIONAL

Sejam A e B eventos do espaço amostral Ω finito e não vazio. A probabilidade condicional do evento A, sabendo que ocorreu o evento B, indicada por $p\left(\dfrac{A}{B}\right)$, é dada por:

$$p\left(\frac{A}{B}\right) = \frac{n(A \cap B)}{n(B)} \text{ ou } p\left(\frac{A}{B}\right) = \frac{p(A \cap B)}{p(B)}$$

PROBABILIDADES DE EVENTOS INDEPENDENTES

A probabilidade de ocorrer a intersecção dos eventos A e B (ocorrência simultânea de A e B, $A \cap B$) pode ser calculada pelo produto da probabilidade de ocorrer um deles (evento B) pela probabilidade de ocorrer o outro (evento A), considerando que o primeiro já ocorreu (evento A/B):

$$p(A \cap B) = p(B) \cdot p\left(\frac{A}{B}\right)$$

Observação:

Quando, para dois eventos A e B de um espaço amostral finito e não vazio Ω, tem-se $p(A \cap B) = p(A) \cdot p(B)$, os eventos são ditos **independentes**.

INTRODUÇÃO À ESTATÍSTICA

CONCEITO

A **Estatística** é um ramo da Matemática constituído de um conjunto de técnicas e métodos de pesquisa que, entre outros tópicos, envolve o planejamento do experimento a ser realizado, a coleta quantificada de dados, a inferência e o processamento e a análise das informações.

VARIÁVEIS

- A **variável qualitativa** é aquela, como a própria denominação indica, que exprime atributo ou qualidade dos indivíduos pesquisados.

São exemplos de variável qualitativa: sexo, cor de cabelo, cor dos olhos, nacionalidade, grau de instrução etc. Note que nesse tipo de variável os dados não são numéricos.

Observação:

Uma variável qualitativa pode ser dita **ordinal**, quando existe uma ordem nos dados, ou simplesmente **nominal**, quando isso não acontece.

- A **variável quantitativa**, como a própria denominação indica, exprime quantidade. Os dados tomados na pesquisa são expressos por números.

São exemplos de variáveis quantitativas: idade, altura, peso, quantidade de irmãos, salário mensal, quantidade de filhos etc.

Observações:

1. Uma variável quantitativa pode ser classificada em **discreta** ou **contínua**.

2. As variáveis são discretas quando podem assumir um conjunto enumerável de valores geralmente obtidos por meio de contagem (números inteiros).

3. As variáveis são contínuas quando os valores são obtidos por meio de mensuração (números reais).

FREQUÊNCIA ABSOLUTA E FREQUÊNCIA RELATIVA

- **Frequência absoluta** é o número de vezes que um valor de uma variável numa pesquisa é citado. Representamos a frequência relativa por f_A.

- **Frequência relativa** é a razão entre a frequência absoluta de uma variável e o total de citações. Representamos por f_R.

Observações:

1. A frequência relativa de um evento, apresentada na forma decimal ou porcentagem, pode ser associada à probabilidade de ocorrer esse evento.
2. A tabela que exibe a variável e suas frequências absoluta e relativa é denominada **tabela de frequências**.

ORGANIZANDO DADOS EM GRÁFICOS

- Gráficos de colunas ou de barras

No gráfico de colunas, os retângulos têm a mesma largura (horizontal) e as alturas (vertical) são proporcionais às frequências relativas ou absolutas das variáveis.

Caso o gráfico seja de barras, os retângulos têm a mesma altura (vertical) e as larguras (horizontal) são proporcionais às frequências relativas ou absolutas das variáveis.

Exemplo:

No jornal *Folha de S.Paulo* (de 7 dez. 2015, p. A15), dois gráficos, um de colunas e um de barras, foram utilizados para abordar a inadimplência de pagamentos, e seus motivos, por parte de brasileiros.

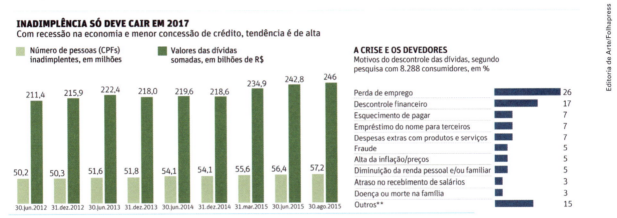

Fonte: *Folha de S.Paulo*, 7 dez. 2015, p. A15.

- Gráfico de setores

Num gráfico de setor, o círculo é dividido em setores circulares cujas medidas dos ângulos são proporcionais às frequências correspondentes a cada setor.

Exemplo:

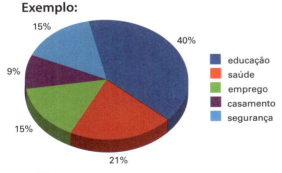

- Histograma

No histograma, os retângulos que formam o gráfico são contíguos, ou seja, os retângulos lado a lado se encostam. A base de cada retângulo corresponde a um segmento cujas extremidades correspondem aos valores extremos da classe. Além disso, a altura do retângulo é proporcional à frequência da classe considerada (frequência relativa ou absoluta).

Exemplo:

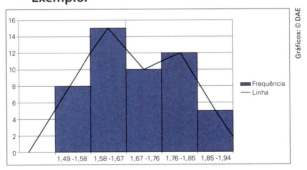

Observação:

1. Os pontos médios das bases dos retângulos do histograma coincidem com os pontos médios dos intervalos de classe. Como no gráfico acima, os segmentos que ligam em sequência os pontos médios das bases superiores formam um gráfico de segmentos denominado **polígono do histograma.**

Exercícios

► EXERCÍCIOS RESOLVIDOS

1. (Unesp-SP) Um dado viciado, que será lançado uma única vez, possui seis faces, numeradas de 1 a 6. A tabela a seguir fornece a probabilidade de ocorrência de cada face.

Número na face	1	2	3	4	5	6
Probabilidade de ocorrência da face	$\frac{1}{5}$	$\frac{3}{10}$	$\frac{3}{10}$	$\frac{1}{10}$	$\frac{1}{20}$	$\frac{1}{20}$

Sendo X o evento "sair um número ímpar" e Y um evento cuja probabilidade de ocorrência seja 90%, calcule a probabilidade de ocorrência de X e escreva uma possível descrição do evento Y.

Cálculo da probabilidade de que saia um número ímpar:

$$P(X) = \frac{1}{5} + \frac{3}{10} + \frac{1}{20}$$

$$P(X) = \frac{11}{20} = \frac{55}{100}$$

$$P(X) = 55\%$$

O evento Y pode ser interpretado como "sair um número menor ou igual a quatro". Assim, a probabilidade de ocorrência do evento Y seria dada por:

$$P(Y) = \frac{1}{5} + \frac{3}{10} + \frac{3}{10} + \frac{1}{10}$$

$$P(Y) = \frac{9}{10} = \frac{90}{100}$$

$$P(Y) = 90\%$$

2. (UEG-GO) A tabela a seguir apresenta a preferência de homens e mulheres em relação a um prato, que pode ser doce ou salgado, típico de certa região do Estado de Goiás.

Sexo	Preferências	
	Doce	Salgado
Masculino	80	20
Feminino	60	40

Considerando-se os dados apresentados na tabela, a probabilidade de um desses indivíduos preferir o prato típico doce, sabendo-se que ele é do sexo feminino, é de

a) 0,43

b) 0,50

c) 0,60

d) 0,70

Sabendo que a pessoa deve ser do sexo feminino e preferir o prato típico doce, pelos dados da tabela, a probabilidade de isso ocorrer é P, sendo:

$$P = \frac{60}{60 + 40}$$

$$P = \frac{60}{100}$$

$$P = 0,60$$

3. (PUC-RJ) João joga dois dados comuns e soma os valores. Qual a probabilidade de a soma ser maior ou igual a 10?

a) $\frac{3}{11}$

b) $\frac{1}{6}$

c) 3

d) $\frac{5}{36}$

e) $\frac{10}{36}$

Número de elementos do espaço amostral conforme enunciado:

$$n(E) = 6 \cdot 6 = 36$$

Evento A (A soma dos pontos ser maior ou igual a 10.)
Vamos discriminar os elementos desse evento:

$$A = \{(4,6), (5,5), (5,6), (6,4), (6,5), (6,6)\}$$

$$n(A) = 6$$

Cálculo da probabilidade:

$$P = \frac{n(A)}{n(E)}$$

$$P = \frac{6}{36} = \frac{1}{6}$$

4. (UFSM-RS) A tabela a seguir mostra o número de internações hospitalares da população idosa (60 ou mais anos de idade), numa determinada região, de acordo com as causas da internação.

Causas	Nº de internações
Doenças cardíacas	80
Doenças cerebrovasculares	49
Doenças pulmonares	43
Doenças renais	42
Diabetes melito	35
Fraturas de fêmur e ossos dos membros	26
Hipertensão arterial	24
Infecção de pele e tecido subcutâneo	11
Pneumonia bacteriana	77
Úlcera	13

Considere que hipertensão arterial, doenças renais, doenças cardíacas e osteoporose estão associadas ao consumo excessivo de sódio e que as fraturas de fêmur e ossos dos membros são causadas pela osteoporose.

Assim, a probabilidade de um idoso internado, escolhido ao acaso, ter como diagnóstico principal uma doença associada ao consumo excessivo de sódio, de acordo com a tabela, é igual a

a) 0,430.

b) 0,370.

c) 0,365.

d) 0,325.

e) 0,230.

A partir dos dados presentes na tabela, podemos calcular a probabilidade do evento ocorrer:

$$P = \frac{80 + 42 + 26 + 24}{80 + 49 + 43 + 42 + 35 + 26 + 24 + 11 + 77 + 13}$$

$$P = \frac{172}{400}$$

$$P = 0,430$$

EXERCÍCIOS PROPOSTOS

1. (UFU-MG) Uma loja que comercializa celulares registrou, em uma campanha de lançamento, o número de compradores, femininos e masculinos, de um novo modelo de *smartphone*.

O gráfico a seguir descreve o ocorrido nos quatro dias de pré-venda desse modelo.

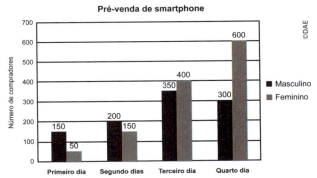

Pré-venda de smartphone

Com o sucesso de vendas, a loja decidiu sortear um acessório para este modelo de *smartphone* entre os compradores femininos e outro acessório entre os compradores masculinos.

Qual é a probabilidade de que um dos sorteados tenha feito sua compra no primeiro dia de pré-venda e outro no último dia de pré-venda?

a) $\dfrac{17}{120}$

b) $\dfrac{11}{20}$

c) $\dfrac{7}{80}$

d) $\dfrac{1}{40}$

2. (Unesp-SP) Uma colher foi solta 978 vezes ao acaso em direção ao chão. O registro da posição em que ela caiu sobre o chão está indicado na tabela.

Virada para cima	Virada para baixo	total de lançamentos
652	326	978

Usando as informações da tabela, é correto concluir que a probabilidade de a colher cair sobre o chão virada para cima é a mesma probabilidade de se obter, no lançamento de um dado convencional honesto de seis faces, um número

a) maior que 4.

b) primo.

c) menor que 6.

d) múltiplo de 5.

e) maior que 2.

3. (Acafe-SC) Uma gaveta tem duas bolas azuis, três bolas brancas e cinco bolas vermelhas.

Considere as afirmações a seguir, assinalando V para as verdadeiras e F para as falsas.

( ) Se retirarmos, consecutivamente e sem reposição, todas as bolas dessa gaveta e formarmos uma sequência com essas bolas, o número de sequências diferentes que podemos obter é 2 520.

( ) Se retirarmos, sem reposição, três bolas dessa gaveta, uma a uma, a probabilidade de tirarmos, nessa ordem, bolas nas cores azul, branca e vermelha é $\frac{1}{24}$.

( ) A probabilidade de se retirar, aleatoriamente, uma bola branca e, em seguida, sem reposição, retirar outra bola branca é inferior a 10%.

( ) O número de bolas amarelas que devem ser colocadas nessa gaveta, de modo que a probabilidade ao retirarmos, aleatoriamente, uma bola amarela seja igual a $\frac{3}{8}$ é um número múltiplo de 4.

A sequência correta, de cima para baixo, é:

a) V - F - F - V

b) V - V - V - F

c) F - F - F - V

d) F - V - V - F

4. (UFRGS-RS) Dardos são lançados em direção a um alvo com a forma de um quadrado de lado 10, como representado na figura abaixo, tendo igual probabilidade de atingir qualquer região do alvo.

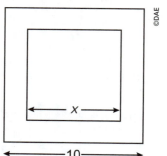

Se todos os dardos atingem o alvo e 50% atingem o quadrado de lado x, o valor inteiro mais próximo de x é

a) 4.

b) 5.

c) 6.

d) 7.

e) 8.

a) 66,6%
b) 60,0%
c) 55,2%
d) 35,3%
e) 33,0%

5. (Fuvest-SP) Em um experimento probabilístico, Joana retirará aleatoriamente 2 bolas de uma caixa contendo bolas azuis e bolas vermelhas. Ao montar-se o experimento, colocam-se 6 bolas azuis na caixa.

Quantas bolas vermelhas devem ser acrescentadas para que a probabilidade de Joana obter 2 azuis seja $\frac{1}{3}$?

a) 2
b) 4
c) 6
d) 8
e) 10

7. (FGV-SP) O torneio de futebol masculino nos Jogos Olímpicos de Verão 2016 contará com 16 times. Na Fase 1, serão formados quatro grupos com quatro times cada um. Cada time enfrentará, uma única vez, os demais times de seu próprio grupo. Suponha que os 16 times sejam sorteados aleatoriamente entre os grupos (qualquer combinação de times por grupo pode ocorrer, com igual probabilidade). Suponha, também, que os times do Brasil e da Alemanha participem do torneio.

a) Qual será o número total de jogos na Fase 1 desse torneio?

b) Nas condições estabelecidas no enunciado desta questão, qual é a probabilidade de que Brasil e Alemanha se enfrentem na Fase 1 do torneio?

c) João é fã de futebol e conseguiu ingressos para dois jogos da Fase 1 do referido torneio. Considere que a chance de João obter ingresso para qualquer dos jogos da Fase 1 seja a mesma. Nessas condições, qual é a probabilidade de que João assista a pelo menos um jogo da seleção do Brasil?

6. (UPE)

Se dois dados idênticos e não viciados são lançados, a probabilidade de a soma dos pontos obtidos ser um múltiplo de 2 ou um múltiplo de 3 é de aproximadamente

8. (Uerj) Os consumidores de uma loja podem concorrer a brindes ao fazerem compras acima de R$ 100,00. Para isso, recebem um cartão de raspar no qual estão registradas 23 letras do alfabeto em cinco linhas. Ao consumidor é informado que cada linha dispõe as seguintes letras, em qualquer ordem:

– linha 1 – {A, B, C, D, E};

– linha 2 – {F, G, H, I, J};

– linha 3 – {L, M, N, O, P};

– linha 4 – {Q, R, S, T, U};

– linha 5 – {V, X, Z}.

Observe um exemplo desses cartões, com as letras ainda visíveis:

Para que um consumidor ganhasse um secador, teria de raspar o cartão exatamente nas letras dessa palavra, como indicado a seguir:

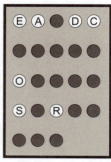

Considere um consumidor que receba um cartão para concorrer a um ventilador.

Se ele raspar as letras corretas em cada linha para formar a palavra VENTILADOR, a probabilidade de que ele seja premiado corresponde a:

a) $\dfrac{1}{15000}$

b) $\dfrac{1}{18000}$

c) $\dfrac{1}{20000}$

d) $\dfrac{1}{25000}$

9. (Enem) Em uma escola, a probabilidade de um aluno compreender e falar inglês é de 30%. Três alunos dessa escola, que estão em fase final de seleção de intercâmbio, aguardam, em uma sala, serem chamados para uma entrevista. Mas, ao invés de chamá-los um a um, o entrevistador entra na sala e faz, oralmente, uma pergunta em inglês que pode ser respondida por qualquer um dos alunos.

A probabilidade de o entrevistador ser entendido e ter sua pergunta oralmente respondida em inglês é

a) 23,7%
b) 30,0%
c) 44,1%
d) 66,7%
e) 90,0%

10. (UPE) Selecionamos ao acaso duas arestas do prisma triangular regular representado abaixo. Qual é a probabilidade de elas não serem paralelas?

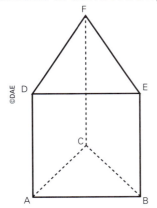

a) $\dfrac{1}{6}$
b) $\dfrac{1}{3}$
c) $\dfrac{1}{2}$
d) $\dfrac{2}{3}$
e) $\dfrac{5}{6}$

11. (Uerj) Em uma urna, foram colocadas trinta bolas, numeradas de 1 a 30. Uma dessas bolas foi sorteada aleatoriamente. Em relação a essa experiência, considerem-se os dois eventos abaixo.

Evento A: {a bola sorteada tem número menor ou igual a 20}.

Evento B: {a bola sorteada tem número maior do que k}.

Sabendo que $k < 20$, $k \in \mathbb{N}$ e $P(A \cap B) = \dfrac{1}{6}$, determine o valor de k.

12. (Udesc) Em uma associação serão eleitos um presidente, um tesoureiro e dois revisores. Cada membro vota em um candidato para presidente, um para tesoureiro e um para revisor. Supondo que haja 4 candidatos para presidente, 3 para tesoureiro e 6 para revisor, então a probabilidade de todos os candidatos de um eleitor qualquer, que não anulou nem votou em branco, serem eleitos é de:

a) $\dfrac{1}{36}$
b) $\dfrac{1}{360}$
c) $\dfrac{1}{180}$
d) $\dfrac{1}{90}$
e) $\dfrac{1}{72}$

13. (ESPM-SP) Escolhendo-se ao acaso dois algarismos distintos do sistema decimal de numeração, a probabilidade de que a soma deles seja um número primo é:

a) 30%

b) 40%

c) 50%

d) 45%

e) 25%

14. (Enem) No próximo final de semana, um grupo de alunos participará de uma aula de campo. Em dias chuvosos, aulas de campo não podem ser realizadas. A ideia é que essa aula seja no sábado, mas, se estiver chovendo no sábado, a aula será adiada para o domingo. Segundo a meteorologia, a probabilidade de chover no sábado é de 30% e a de chover no domingo é de 25%.

A probabilidade de que a aula de campo ocorra no domingo é de

a) 5,0%

b) 7,5%

c) 22,5%

d) 30,0%

e) 75,0%

15. (Enem) O HPV é uma doença sexualmente transmissível. Uma vacina com eficácia de 98% foi criada com o objetivo de prevenir a infecção por HPV e, dessa forma, reduzir o número de pessoas que venham a desenvolver câncer de colo de útero. Uma campanha de vacinação foi lançada em 2014 pelo SUS, para um público-alvo de meninas de 11 a 13 anos de idade. Considera-se que, em uma população não vacinada, o HPV acomete 50% desse público ao longo de suas vidas. Em certo município, a equipe coordenadora da campanha decidiu vacinar meninas entre 11 e 13 anos de idade em quantidade suficiente para que a probabilidade de uma menina nessa faixa etária, escolhida ao acaso, vir a desenvolver essa doença seja, no máximo, de 5,9%. Houve cinco propostas de cobertura, de modo a atingir essa meta:

Proposta I: vacinação de 90% do público-alvo.

Proposta II: vacinação de 55,8% do público-alvo.

Proposta III: vacinação de 88,2% do público-alvo.

Proposta IV: vacinação de 49% do público-alvo.

Proposta V: vacinação de 95,9% do público-alvo.

Para diminuir os custos, a proposta escolhida deveria ser também aquela que vacinasse a menor quantidade possível de pessoas.

Disponível em: www.virushpv.com.br. Acesso em: 30 ago. 2014 (adaptado).

A proposta implementada foi a de número

a) I.

b) II.

c) III.

d) IV.

e) V.

ESTATÍSTICA E PROBABILIDADE

MEDIDAS DE TENDÊNCIA CENTRAL

MÉDIA ARITMÉTICA

Dados os números $x_1, x_2, x_3, ..., x_n$ de uma variável, a **média aritmética** é o valor M_A, tal que:

$$M_A = \frac{x_1 + x_2 + x_3 + ... + x_n}{n}$$

- A **média ponderada** dos n valores $x_1, x_2, x_3, ..., x_n$ de uma variável, com pesos $p_1, p_2, p_3, ..., p_n$, respectivamente, é o valor M_P, tal que:

$$M_P = \frac{p_1 \cdot x_1 + p_2 \cdot x_2 + p_3 \cdot x_3 + ... + p_n \cdot x_n}{p_1 + p_2 + p_3 + ... + p_n}$$

Para valores agrupados em classes, consideramos o valor médio de cada classe e, com base nesses valores, obtemos a média.

MODA

Moda é a medida de tendência central correspondente ao valor mais frequente em um grupo de valores observados.

Observações:

1. Utilizamos a moda quando precisamos informar o valor da variável que mais ocorreu.

2. Ela é empregada em pesquisas que procuram sondar as preferências entre as pessoas. Nesse caso, a moda poderá não ser um valor numérico.

3. A moda poderá também, dependendo da situação, ser representada por um valor (**unimodal**), dois valores (**bimodal**), três ou mais valores (**multimodal**). Entretanto, pode ocorrer que não haja moda em uma distribuição (**amodal**).

MEDIANA

Dados n valores de uma variável colocados em ordem crescente ou decrescente, a **mediana** será: o valor que ocupar a posição central, caso n seja ímpar, ou o valor correspondente à média aritmética dos dois valores que ocuparem as posições centrais, caso n seja par.

MEDIDAS DE DISPERSÃO

AMPLITUDE

Dado um conjunto de valores de uma variável estatística, a amplitude A é a diferença entre o valor maior e o valor menor:

A = (valor maior) – (valor menor)

VARIÂNCIA E DESVIO PADRÃO

- A média aritmética dos módulos dos desvios de valores de um conjunto denomina-se **desvio médio**.

- Denomina-se **variância** a média aritmética dos quadrados dos desvios desses valores. Em símbolos:

$$V = \frac{\left(x_1 - M_A\right)^2 + \left(x_2 - M_A\right)^2 + \left(x_3 - M_A\right)^2 + ... + \left(x_n - M_A\right)^2}{n}$$

Sendo $x_1, x_2, x_3, ..., x_n$ os n valores da variável e M_A a média aritmética desses valores.

Observações:

1. A variância permite observar a dispersão dos grupos valores e compará-las: quanto maior a variância, maior a dispersão.

2. No cálculo da variância, os desvios foram elevados ao quadrado. Dessa forma, não temos a variância na mesma unidade dos valores da variável.

- **Desvio padrão**, representado por D_P, é a raiz quadrada da variância V. Em símbolos:

$$D_P = \sqrt{V}$$

Observações:

1. Às vezes, é possível, apenas com base nos valores da variável, analisar a regularidade sem ser necessário calcular o desvio padrão.

2. Quanto mais próximo de zero for o desvio padrão, mais homogênea será a distribuição dos valores da variável que estão sendo analisados.

3. O desvio padrão é dado na mesma unidade da variável, a variância não.

Exercícios

EXERCÍCIOS RESOLVIDOS

1. (UPE) Um professor de matemática costuma aplicar, durante o ano letivo, quatro provas para seus alunos, sendo uma prova com um peso por cada bimestre. A tabela abaixo representa as notas com seus respectivos pesos, obtidas por um determinado aluno nos quatro bimestres. Se o aluno foi aprovado com média anual final igual a 7,0 (sete), a nota obtida por esse aluno na prova do I bimestre foi de

Provas	Nota	Peso
I bimestre	?	1
II bimestre	7,3	2
III bimestre	7,5	3
IV bimestre	6,5	2

a) 5,3
b) 5,9
c) 6,2
d) 6,7
e) 7,0

Vamos considerar que x representa a nota do primeiro bimestre. Conforme média ponderada, temos:

$$M_P = \frac{x \cdot 1 + 7,3 \cdot 2 + 7,5 \cdot 3 + 6,5 \cdot 2}{1+2+3+2}$$

$$7 = \frac{x + 50,1}{8}$$

$$x = 56 - 50,1 \Rightarrow x = 5,9$$

Assim, a nota obtida pelo aluno no 1º bimestre foi 5,9.

2. (UFPR) Em um grupo de 6 pessoas, a média das idades é 17 anos, a mediana é 16,5 anos e a moda é 16 anos. Se uma pessoa de 24 anos se juntar ao grupo, a média e a mediana das idades do grupo passarão a ser, respectivamente:

a) 17 anos e 17 anos.

b) 18 anos e 17 anos.

c) 18 anos e 16,5 anos.

d) 20,5 anos e 16,5 anos.

e) 20,5 anos e 20, 25 anos.

Vamos considerar que as idades das 6 pessoas sejam representadas por:

$$x_1, x_2, x_3, x_4, x_5, x_6$$

Como conhecemos a média, então:

$$M_A = \frac{x_1 + x_2 + x_3 + x_4 + x_5 + x_6}{6}$$

$$17 = \frac{x_1 + x_2 + x_3 + x_4 + x_5 + x_6}{6}$$

$$x_1 + x_2 + x_3 + x_4 + x_5 + x_6 = 102$$

Considerando que a mediana é 16,5, temos o seguinte esquema:

$$\_\_\_, \_\_\_, 16, 17, \_\_\_, \_\_\_$$

$$M_e = \frac{x_3 + x_4}{2} = 16,5$$

Como a moda é igual a 16, podemos completar este esquema:

$$\_\_\_, 16, 16, 17, \_\_\_, \_\_\_, 24$$

Dessa forma, vem:

$$M_a = \frac{x_1 + x_2 + x_3 + x_4 + x_5 + x_6 + 24}{7} \Rightarrow$$

$$\Rightarrow M_a = \frac{102 + 24}{7} \Rightarrow M_a = 18$$

$$x_1 + x_2 + x_3 + x_4 + x_5 + x_6 + 24 \Rightarrow M_e = x_4 = 17$$

3. (FGV-SP) A média aritmética dos elementos do conjunto $\{17, 8, 30, 21, 7, x\}$ supera em uma unidade a mediana dos elementos desse conjunto. Se x é um número real tal que $8 < x < 21$ e $x \neq 17$, então a média aritmética dos elementos desse conjunto é igual a

a) 16

b) 17

c) 18

d) 19

e) 20

Cálculo da média aritmética, em função de x:

$$M_a = \frac{17 + 8 + 30 + 21 + 7 + x}{6}$$

$$M_a = \frac{83 + x}{6}$$

Mediana dessa distribuição de valores:

$$M_e = \frac{x + 17}{2}$$

Condição a partir do enunciado apresentado:

$M_a = M_e + 1$

$\dfrac{83+x}{6} = \dfrac{x+17}{2} + 1$

$83 + x = 3x + 51 + 6$

$x = 13$

Portanto, a média será:

$\dfrac{83+13}{6} = 16$

4. (Enem) Marco e Paulo foram classificados em um concurso. Para a classificação no concurso o candidato deveria obter média aritmética na pontuação igual ou superior a 14. Em caso de empate na média, o desempate seria em favor da pontuação mais regular. No quadro a seguir são apresentados os pontos obtidos nas provas de Matemática, Português e Conhecimentos Gerais, a média, a mediana e o desvio padrão dos dois candidatos.

Dados dos candidatos no concurso:

	Matemática	Português	Conhecimentos Gerais	Média	Mediana	Desvio padrão
Marco	14	15	16	15	15	0,32
Paulo	8	19	18	15	18	4,97

O candidato com pontuação mais regular, portanto mais bem classificado no concurso, é

a) Marco, pois a média e a mediana são iguais.
b) Marco, pois obteve menor desvio padrão.
c) Paulo, pois obteve a maior pontuação da tabela, 19 em Português.
d) Paulo, pois obteve maior mediana.
e) Paulo, pois obteve maior desvio padrão.

O conceito de desvio padrão está ligado ao de regularidade de um grupo de valores. Assim, observe que:
Marco e Paulo têm a mesma média de valores;
Marco tem a menor mediana;
Marco tem o menor desvio padrão.

EXERCÍCIOS PROPOSTOS

1. (UFRGS-RS) O gráfico a seguir representa a população economicamente ativa de homens e mulheres no Brasil de 2003 a 2015.

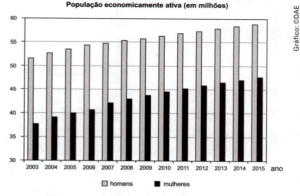

Com base nos dados do gráfico, é correto afirmar que,

a) no ano de 2009, a população economicamente ativa de mulheres era cerca de 50% da população economicamente ativa de homens.
b) de 2003 a 2015, em termos percentuais, a população economicamente ativa de homens cresceu mais do que a de mulheres.
c) em relação a 2005, a população economicamente ativa de mulheres em 2011 cresceu cerca de 5%.
d) de 2003 a 2015, em termos percentuais, a população economicamente ativa de mulheres cresceu mais do que a de homens.
e) em relação a 2007, a população economicamente ativa de homens em 2015 cresceu cerca de 3%.

2. (Uerj) Técnicos do órgão de trânsito recomendaram velocidade máxima de 80 km/h no trecho de uma rodovia onde ocorrem muitos acidentes. Para saber se os motoristas estavam cumprindo as recomendações, foi instalado um radar móvel no local. O aparelho registrou os seguintes resultados percentuais relativos às velocidades dos veículos ao longo de trinta dias, conforme o gráfico a seguir:

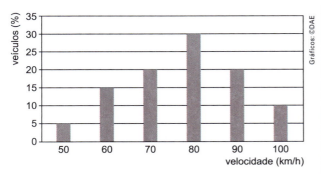

Determine a média de velocidade, em km/h, dos veículos que trafegaram no local nesse período.

3. (Enem) Um concurso é composto por cinco etapas. Cada etapa vale 100 pontos. A pontuação final de cada candidato é a média de suas notas nas cinco etapas. A classificação obedece à ordem decrescente das pontuações finais. O critério de desempate baseia-se na maior pontuação na quinta etapa.

Candidato	Média nas quatro primeiras etapas	Pontuação na quinta etapa
A	90	60
B	85	85
C	80	95
D	60	90
E	60	100

A ordem de classificação final desse concurso é

a) A, B, C, E, D.
b) B, A, C, E, D.
c) C, B, E, A, D.
d) C, B, E, D, A.
e) E, C, D, B, A.

4. (Uece) Se x é a média aritmética dos números reais a, b e c, y é a média aritmética de seus quadrados, então a média aritmética de seus produtos dois a dois ab, ac, bc, em função de x e y é

Sugestão: considere o quadrado da soma dos três números.

a) $\dfrac{3x + y}{2}$.

b) $\dfrac{3x^2 - y}{2}$.

c) $\dfrac{3x^2 + y}{2}$.

d) $\dfrac{3x - y}{2}$.

5. (UEG-GO) Em uma eleição estão concorrendo os candidatos A, B e C. Realizada uma pesquisa de intenção de voto com 1 000 eleitores, obteve-se o seguinte resultado, ilustrado no gráfico de setores a seguir.

O valor do ângulo x do gráfico de setores é

a) 18 graus
b) 36 graus
c) 60 graus
d) 72 graus

6. (Unicamp-SP) O Código de Trânsito Brasileiro classifica as infrações, de acordo com a sua natureza, em leves, médias, graves e gravíssimas. A cada tipo corresponde uma pontuação e uma multa em reais, conforme a tabela a seguir.

Infração	Pontuação	Multa*
Leve	3 pontos	R$ 53,00
Média	4 pontos	R$ 86,00
Grave	5 pontos	R$ 128,00
Gravíssima	7 pontos	R$ 192,00

* Valores arredondados

a) Um condutor acumulou 13 pontos em infrações. Determine todas as possibilidades quanto à quantidade e à natureza das infrações cometidas por esse condutor.

b) O gráfico de barras a seguir exibe a distribuição de 1 000 infrações cometidas em certa cidade, conforme a sua natureza. Determine a soma das multas aplicadas.

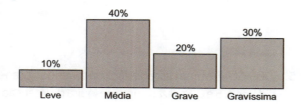

7. (UFSM-RS) O Brasil é o quarto produtor mundial de alimentos, produzindo mais do que o necessário para alimentar sua população. Entretanto, grande parte da produção é desperdiçada.

O gráfico mostra o percentual do desperdício de frutas nas feiras do estado de São Paulo.

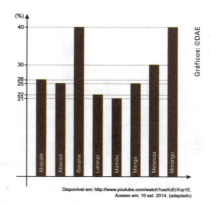

Considerando os dados do gráfico, a média aritmética, a moda e a mediana são, respectivamente,

a) 28,625; 25 e 40; 25,5.
b) 28,625; 25 e 40; 26.
c) 28,625; 40; 26.
d) 20,5; 25 e 40; 25,5.
e) 20,5; 40; 25,5.

8. (UFRGS-RS) O gráfico a seguir apresenta a evolução da emissão de dióxido de carbono ao longo dos anos.

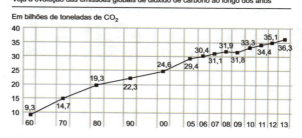

Com base nos dados do gráfico, assinale a alternativa correta.

a) Ao longo do período, a emissão de dióxido de carbono apresentou crescimento constante.
b) Em relação aos anos 80, os anos 90 apresentaram emissão de dióxido de carbono 30% maior.

c) O ano de 2009 apresentou menor valor de emissão de dióxido de carbono da primeira década do século XXI.
d) De 2000 a 2013, houve crescimento percentual de 11,7% na emissão de dióxido de carbono.
e) Em relação a 2000, o ano de 2013 apresentou emissão de dióxido de carbono aproximadamente 50% maior.

9. (UEM-PR) Considerando conceitos de estatística e que uma amostra S, extraída de uma dada população, é:

0, 1, 5, 3, 7, 5, 8, 7, 4, 6, 7, 4, 9, 5, 2,

assinale o que for correto.

01) A moda de S é 5.
02) Para se estudarem comportamentos coletivos de uma determinada população, toma-se um subconjunto desta população, denominado universo estatístico.
04) Se A é uma população a ser pesquisada, um subconjunto B de A pode ser uma amostra.
08) A mediana de S é 7.
16) A média aritmética simples de S é, aproximadamente, 5,2.

10. (Enem) Uma pessoa, ao fazer uma pesquisa com alguns alunos de um curso, coletou as idades dos entrevistados e organizou esses dados em um gráfico.

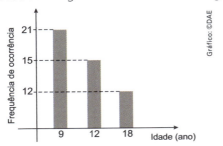

Qual a moda das idades, em anos, dos entrevistados?
a) 9
b) 12
c) 13
d) 15
e) 21

TEXTO PARA A PRÓXIMA QUESTÃO:

Utilize os dados constantes no texto e o quadro a seguir para responder à(s) questão(ões).

A dengue é uma doença infecciosa causada por um dos quatro tipos diferentes de arbovírus cujo mosquito transmissor é o *Aedes aegypti*. Um único mosquito pode contaminar até 300 pessoas, em 45 dias de vida. Os registros da Secretaria de Saúde dos municípios X_1 e X_2 que tiveram uma região de epidemia de dengue durante o período de 50 dias estão representados nos quadros a seguir.

Paciente	Hospital A_1	Hospital B_1	Hospital C_1	TOTAL
Crianças	230	140	30	400
Jovens	120	70	10	200
Adultos	150	90	10	250
TOTAL	500	300	50	850

Fonte: Secretaria Municipal de Saúde – Município X_1

Idade (Anos)	Hospital A_2	Hospital B_2	Hospital C_2	TOTAL
0 ⊢ 16	120	80	100	300
16 ⊢ 32	70	50	130	250
32 ⊢ 48	130	20	50	200
48 ⊢ 64	80	50	120	250
TOTAL	400	200	400	1 000

Fonte: Secretaria Municipal de Saúde – Município X_2

11. (Uepa) A média aritmética das idades dos pacientes atendidos no hospital C_2 do município X_2 durante o período de epidemia da dengue é:
a) 20,5
b) 24,0
c) 27,2

Estatística e probabilidade 135

d) 30,8

e) 31,6

a) ímpar

b) primo

c) quadrado perfeito

d) maior que 30

e) múltiplo de 13

12. (FGV-SP) Chama-se custo médio de fabricação por unidade ao custo total de fabricação dividido pela quantidade produzida.

Uma empresa fabrica bicicletas a um custo fixo mensal de R$ 90.000,00; entre peças e mão de obra, cada bicicleta custa R$ 150,00 para ser produzida. A capacidade máxima de produção mensal e de 1 200 unidades.

O custo médio mensal mínimo por unidade vale:

a) R$ 150,00

b) R$ 187,50

c) R$ 225,00

d) R$ 262,50

e) R$ 300,00

13. (UTFPR) Considere dois números reais x e y, tais que $0 < x < y$. Chamamos de média aritmética desses números x e y ao número real m tal que $m = \dfrac{x + y}{2}$. Então podemos afirmar que:

a) $m > y$

b) $m < x$

c) $x < m < y$

d) $m < 0$

e) $m = 0$

14. (ESPM-SP) Considere o conjunto $A = \{x \in \mathbb{N}^* | x \leq 51\}$. Retirando-se um número desse conjunto, a média aritmética entre seus elementos não se altera. Esse número é:

15. (UFPR) Um professor de Estatística costuma fazer duas avaliações por semestre e calcular a nota final fazendo a média aritmética entre as notas dessas duas avaliações. Porém, devido a um problema de falta de energia elétrica, a segunda prova foi interrompida antes do tempo previsto e vários alunos não conseguiram terminá-la. Como não havia possibilidade de refazer essa avaliação, o professor decidiu alterar os pesos das provas para não prejudicar os alunos. Assim que Amanda e Débora souberam da notícia, correram até o mural para ver suas notas e encontraram os seguintes valores:

Nome	1ª prova	2ª prova	Nota final da disciplina
Amanda	82	52	72,1
Débora	90	40	73,5

Qual foi o peso atribuído à segunda prova?

a) 0,25

b) 0,30

c) 0,33

d) 0,35

e) 0,40

Caderno de revisão

GEOMETRIA ANALÍTICA

COORDENADAS CARTESIANAS

PLANO CARTESIANO

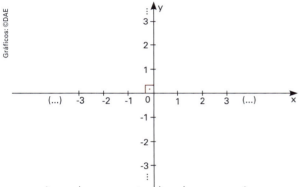

A qualquer ponto do plano associamos um par **ordenado** (coordenadas do ponto) e, reciprocamente, a qualquer par ordenado associamos um ponto do plano. Para um ponto P qualquer do plano, utilizamos a notação **P(a; b)**, em que o primeiro número do par ordenado é a **abscissa** e o segundo é a **ordenada**.

Observações:

1. Qualquer ponto que pertença ao eixo das abscissas terá ordenada zero. Sendo assim, se a é um número real, qualquer ponto P(a; 0) pertence ao eixo das abscissas.

2. Qualquer ponto que pertença ao eixo das ordenadas terá abscissa zero. Sendo assim, se b é um número real, qualquer ponto P(0; b) pertence ao eixo das ordenadas.

DISTÂNCIA ENTRE DOIS PONTOS

A distância entre dois pontos A e B quaisquer do plano cartesiano, tais que $A(x_1, y_1)$ e $B(x_2, y_2)$, é dada por:

$$d_{A,B} = \sqrt{(x_2 - x_1)^2 + (y_2 - y_1)^2}$$

COORDENADAS DO PONTO MÉDIO DE UM SEGMENTO

Dado um segmento no plano cartesiano com extremidades $A(x_1, y_1)$ e $B(x_2, y_2)$, as coordenadas do ponto médio $M(x_M, y_M)$ são tais que:

$$x_M = \frac{x_1 + x_2}{2} \text{ e } y_M = \frac{y_1 + y_2}{2}$$

Um triângulo possui três medianas, que se encontram em um ponto chamado **baricentro**. No plano cartesiano demonstra-se que a abscissa do baricentro é a média aritmética das abscissas dos vértices do triângulo e a ordenada, a média aritmética das ordenadas de seus vértices.

A RETA NO PLANO CARTESIANO

CONDIÇÃO DE ALINHAMENTO DE TRÊS PONTOS

Se os pontos $A(x_1, y_1)$, $B(x_2, y_2)$ e $C(x_3, y_3)$ estão alinhados, então

$$\begin{vmatrix} x_1 & y_1 & 1 \\ x_2 & y_2 & 1 \\ x_3 & y_3 & 1 \end{vmatrix} = 0$$

Observação:

A recíproca da afirmação acima também é verdadeira.

EQUAÇÃO GERAL DA RETA

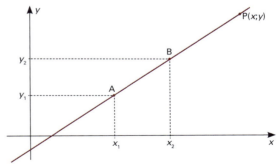

Toda reta no plano cartesiano possui uma equação da forma **ax + by + c = 0**, em que a, b e c são constantes reais e a e b não são simultaneamente nulas. Essa equação é denominada **equação geral da reta**.

COEFICIENTE ANGULAR

Denomina-se **coeficiente angular** ou declividade da reta r o número m que expressa a tangente trigonométrica de sua inclinação α com o eixo das abscissas. Em símbolos: $m = \text{tg}\,\alpha$.

Se $A(x_1, y_1)$ e $B(x_2, y_2)$ são dois pontos distintos quaisquer de uma reta r, com $x_1 \neq x_2$, o coeficiente angular m dessa reta é dado por:

$$m = \text{tg}\,\alpha = \frac{y_2 - y_1}{x_2 - x_1}$$

Observação:

Considerando o plano cartesiano, conforme consta na figura a seguir, são indicadas algumas das retas que passam pelo ponto $P_0(x_0, y_0)$.

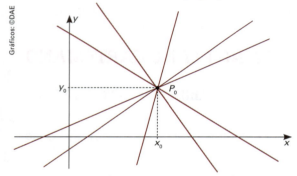

A equação da reta r não perpendicular ao eixo x que passa pelo ponto $P_0(x_0, y_0)$ e com coeficiente angular m é:

$$y - y_0 = m(x - x_0)$$

EQUAÇÃO REDUZIDA DA RETA

Equação reduzida da reta

$y = mx + n$
- n → Coeficiente linear
- m → Coeficiente angular

Observações:

1. A forma reduzida de representar uma reta é importante, pois, se o ponto em que a reta corta o eixo das ordenadas e o coeficiente angular são conhecidos, tem-se a equação da reta.

2. A forma reduzida expressa y em função de x. Trata-se da Lei de formação de uma função afim, representada por $y = f(x) = ax + b$.

PARALELISMO E PERPENDICULARIDADE

Duas retas distintas e não perpendiculares ao eixo x são paralelas se, e somente se, seus coeficientes angulares são iguais.

Duas retas r e s, com coeficientes angulares m_1 e m_2, são perpendiculares se, e somente se,

$$m_2 = -\frac{1}{m_1}, \text{ com } m_1 \neq 0 \text{ e } m_2 \neq 0.$$

DISTÂNCIA, ÁREA E ÂNGULO

DISTÂNCIA DE PONTO A RETA

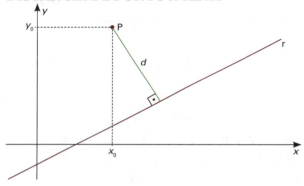

A distância $d_{P,r}$ de um ponto $P(x_0, y_0)$ a uma reta r com equação geral $ax + by + c = 0$ pode ser determinada pela seguinte relação matemática:

$$d_{P,r} = \frac{|ax_0 + by_0 + c|}{\sqrt{a^2 + b^2}}$$

ÁREA DE UM TRIÂNGULO

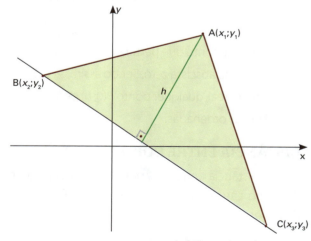

A área do triângulo no plano cartesiano com vértices nos pontos $A(x_1, y_1)$, $B(x_2, y_2)$ e $C(x_3, y_3)$ pode ser calculada por área $= \frac{1}{2} \cdot |D|$, sendo:

$$D = \begin{vmatrix} x_1 & y_1 & 1 \\ x_2 & y_2 & 1 \\ x_3 & y_3 & 1 \end{vmatrix}$$

ÂNGULO ENTRE DUAS RETAS CONCORRENTES

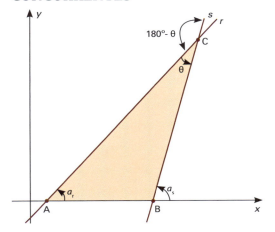

Para o **ângulo agudo θ** entre as duas retas concorrentes *r* e *s*, oblíquas aos eixos coordenados e não perpendiculares entre si, tem-se que:

$$\tan\theta = \left| \frac{m_s - m_r}{1 + m_s m_r} \right|$$

sendo m_r e m_s os coeficientes angulares das retas *r* e *s*, respectivamente.

A CIRCUNFERÊNCIA NO PLANO CARTESIANO

EQUAÇÃO REDUZIDA DE UMA CIRCUNFERÊNCIA

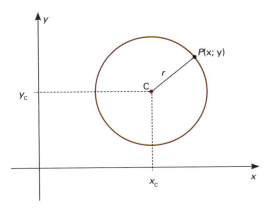

A equação de uma circunferência no plano cartesiano com centro no ponto $C(x_C, y_C)$ e raio *r* é dada por

$$(x - x_C)^2 + (y - y_C)^2 = r^2$$

EQUAÇÃO GERAL DE UMA CIRCUNFERÊNCIA

A equação geral da circunferência com centro no ponto $C(x_C; y_C)$ e raio *r* é:

$$x^2 + y^2 - 2x_C x - 2y_C y + x_C^2 + y_C^2 - r^2 = 0$$

POSIÇÕES RELATIVAS NO PLANO CARTESIANO

- Reta e circunferência

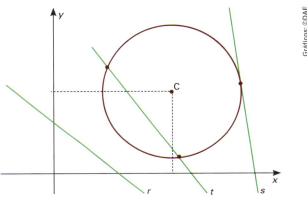

São três as posições relativas entre uma reta e uma circunferência:

- Caso uma reta e uma circunferência não possuam pontos em comum, a reta é **exterior** à circunferência.
- Caso uma reta e uma circunferência possuam um ponto em comum, a reta é **tangente** à circunferência.
- Caso uma reta e uma circunferência possuam dois pontos em comum, a reta é **secante** à circunferência.

Quando o objetivo é verificar apenas as posições relativas entre a reta e a circunferência, basta calcular a distância do centro da circunferência e compará-la com a medida do raio. Sendo *r* o raio da circunferência com centro em C, *s* uma reta e $d_{C,s}$ a distância do centro à reta *s*, temos as seguintes possibilidades:

$d_{C,s} > r \Rightarrow$ a reta e a circunferência são exteriores;

$d_{C,s} = r \Rightarrow$ a reta é tangente à circunferência;

$d_{C,s} < r \Rightarrow$ a reta é secante à circunferência.

➜ Ponto e circunferência

Se forem considerados uma circunferência no plano cartesiano e um ponto qualquer do plano, existirão três possibilidades de posições relativas:

- O ponto pertence à circunferência.
- O ponto é interior à circunferência.
- O ponto é externo à circunferência.

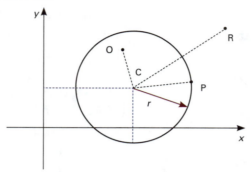

➜ Circunferência e circunferência

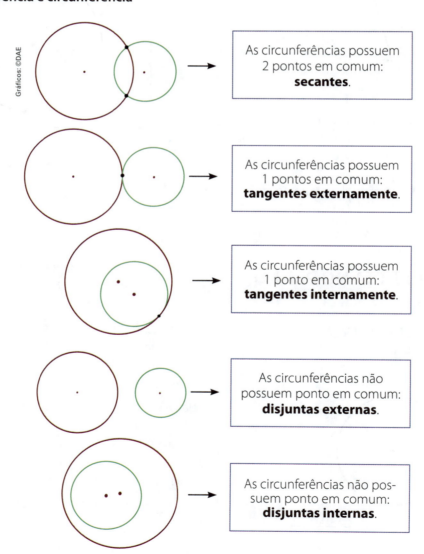

Exercícios

EXERCÍCIOS RESOLVIDOS

1. (Acafe-SC) Considere o retângulo da figura a seguir, com um lado contido na reta $s: x - 2 = 0$, o outro no eixo das abscissas e um vértice P na reta r que passa pelos pontos A (10, 0) e B (2,8).

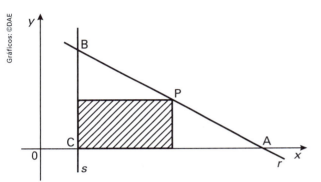

O valor da área máxima do retângulo hachurado, em unidades de área, equivale a:

a) quarta parte da área do triângulo ABC.
b) área de um retângulo cujo perímetro 20 u.c.
c) área de um quadrado de lado 4 u.c.
d) área de um quadrado de lado 6 u.c.

Pela condição de alinhamento de três pontos, vamos obter a equação da reta r:

$$\begin{vmatrix} x & y & 1 \\ 10 & 0 & 1 \\ 2 & 8 & 1 \end{vmatrix} = 0$$

$$0 + 2y + 80 - 0 - 10y - 8x = 0$$

$$y = -x + 10$$

Considerando as coordenadas dos pontos P(x,y) e C(2,0) conforme figura a seguir, vamos determinar a expressão que fornece a área A do retângulo:

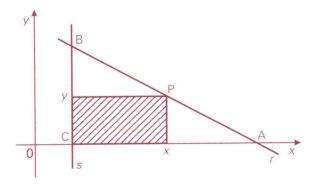

$A = x \cdot y$
$A = (x - 2) \cdot (-x + 10)$
$A = -x^2 + 12x - 20$

Pelo estudo de função quadrática, a área máxima ocorrerá para x:

$$x = x_v = -\frac{b}{2a} = 6$$

Área máxima: $A = y_v = -\frac{\Delta}{4a}$

$$A = \frac{64}{4} \Rightarrow A = 16 \text{ u.a.}$$

Portanto, um quadrado de lado 4 u.c.

2. (UPE) Qual é a medida da área do triângulo destacado na figura a seguir?

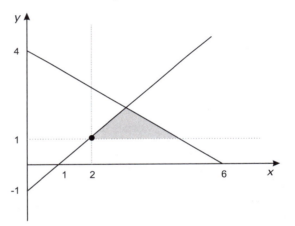

a) $\frac{1}{2}$ d) $\frac{4}{5}$

b) $\frac{1}{3}$ e) $\frac{5}{4}$

c) $\frac{3}{4}$

Vamos obter as coordenadas dos pontos dos vértices do triângulo hachurado.

Reta crescente:

$$\begin{vmatrix} x & y & 1 \\ 0 & -1 & 1 \\ 2 & 1 & 1 \end{vmatrix} = 0$$

$$-x + 2y + 0 + 2 + 0 - x = 0$$

$$-2x + 2y + 2 = 0 \rightarrow y = x - 1$$

Reta decrescente:

$$\begin{vmatrix} x & y & 1 \\ 0 & 4 & 1 \\ 6 & 0 & 1 \end{vmatrix} = 0$$

$$4x + 6y + 0 - 24 + 0 + 0 = 0$$
$$4x + 6y - 24 = 0 \rightarrow y = -\frac{2}{3}x + 4$$

Igualando essas duas equações, podemos determinar o ponto de encontro das retas:
$$x - 1 = -\frac{4}{6}x + 4$$
$$x = 3 \text{ e } y = 2$$

Quando $y = 1$ na segunda equação, para x temos:
$$x = \frac{18}{4} = 4,5$$

Calculando a área do triângulo:
$$S_{\text{triângulo}} = \frac{(4,5 - 2) \cdot (2 - 1)}{2}$$
$$S_{\text{triângulo}} = \frac{2,5}{2} \rightarrow S_{\text{triângulo}} = \frac{5}{4}$$

3. (Feevale-RS) Na figura a seguir, o ponto A representa uma praça, e o ponto B, uma livraria.

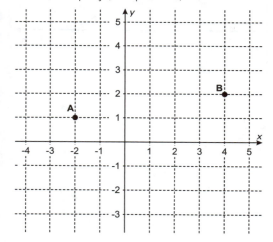

Considerando quilômetro (km) como unidade de medida, a menor distância entre a praça e a livraria é de aproximadamente

a) 4 km

b) 5 km

c) 6 km

d) 7 km

e) 8 km

A distância pode ser determinada pela relação que fornece a distância dos pontos A e B, a partir de suas coordenadas, isto é:

$$d = \sqrt{(x_2 - x_1)^2 + (y_2 - y_1)^2}$$
$$d = \sqrt{(4 - (-2))^2 + (2 - 1)^2}$$
$$d = \sqrt{37} \Rightarrow d \cong 6,08 \text{ km}$$

4. (UEG-GO) Uma circunferência de centro $(-1, 0)$ e raio 3 é interceptada por uma reta. Sabendo-se que os pontos $\left(\frac{2}{5}, \frac{8}{5}\right)$ e $\left(-\sqrt{2}, \sqrt{2} + 2\right)$ pertencem à reta, a soma das coordenadas do eixo-x dos pontos de intersecção é

a) -1

b) 0

c) 1

d) $\sqrt{2}$

Calculamos o coeficiente angular m da equação da reta que passa pelos pontos dados:

$$m = \frac{\sqrt{2} + 2 - 8/5}{-\sqrt{2} - 2/5}$$

$$m = \frac{\left(\sqrt{2} + 2/5\right) \cdot \left(-\sqrt{2} + 2/5\right)}{2 - 4/25}$$

$$m = \frac{4/25 - 2}{2 - 4/25}$$

$$m = -\frac{46}{25} \cdot \frac{25}{46} \Rightarrow m = -1$$

Calculamos o coeficiente linear b dessa reta:

$$y = -x + b$$
$$\frac{8}{5} = -\frac{2}{5} + b$$
$$b = \frac{10}{5} \Rightarrow b = 2$$

Portanto, a equação da reta é $y = -x + 2$.

A equação reduzida da circunferência é:

$$(x + 1)^2 + (y - 0)^2 = 3^2$$

Para determinar as coordenadas dos pontos de intersecção entre a reta e a circunferência, resolvemos o sistema formado por essas duas equações:

$$(x+1)^2 + (-x+2)^2 - 9 = 0$$

$$x^2 + 2x + 1 + x^2 - 4x + 4 - 9 = 0$$

$$2x^2 - 2x - 4 = 0$$

$$x^2 - x - 2 = 0 \Rightarrow \begin{cases} x = 2 \\ x = -1 \end{cases}$$

Assim, a soma das coordenadas dos pontos pertencentes ao eixo x dos pontos de intersecção é $2 - 1 = 1$.

▶ EXERCÍCIOS PROPOSTOS

1. (UFJF-MG) Considere os pontos $A = (2, 0)$, $B = (-1, \sqrt{3})$ e $C = (-1, -\sqrt{3})$ em um plano cartesiano.

a) Determine o ângulo $A\hat{B}C$.

b) Calcule a área do triângulo ABC.

2. (UEMG) Dadas as equações de reta $r: x + y - 6 = 0$ e $s: 2x - y = 0$ em um dado plano cartesiano de centro O. As retas r e s são concorrentes no ponto P e a reta r intercepta o eixo das abscissas no ponto Q. O volume do sólido formado pela rotação da figura plana formada pelos pontos OPQ em torno do lado OQ é: (use $\pi \cong 3$)

a) 32 cm^3.

b) 64 cm^3.

c) 96 cm^3.

d) 88 cm^3.

3. (Uema) Uma cidade gera, em média, 20 mil toneladas de lixo, diariamente, de diversos tipos: lixo residencial, lixo hospitalar, entulho. Uma cooperativa analisou os dados de coleta seletiva fornecidos pela Prefeitura, considerando somente a produção de lixo residencial para dois tipos de resíduo em uma determinada área onde pretendia atuar. Tais dados se referem à média diária, em toneladas, para cada ano de coleta, conforme tabela a seguir.

Tipo / Ano	Garrafas PET	Papel
2012	15	20
2013	20	25
2014	20	35
2015	30	35

<www3.prefeitura.sp.gov.br/limpeza_urbana/ formspublic/ limpezarua.apx>. Adaptado.

(Use, para fins de cálculo, apenas os dois últimos dígitos do ano).

a) Qual a equação da reta que representa o comportamento da coleta total do ano de 2012 ao de 2014?

b) A partir dos dados na tabela, qual será o valor total recolhido para esses dois resíduos no ano de 2020?

4. (UFU-MG) Considere o feixe de retas concorrentes no ponto P(8,3). Seja r a reta desse feixe que determina junto com os eixos cartesianos um triângulo retângulo (ângulo reto na origem) contido no quarto quadrante e área igual a 6 unidades de área. Na equação geral $ax + by + c = 0$ da reta r, a soma dos inteiros $a + b + c$ é múltiplo de

a) 7.

b) 13.

c) 11.

d) 5.

Exercícios 143

c) qual a área do espaço compreendido entre as mesas?

5. (Uema) Buscando incentivar a inserção das pessoas com deficiência no mercado de trabalho, uma filial dos Correios da cidade de São Luís contratou um cadeirante como encarregado da separação de correspondências. Para executar este trabalho, o novo funcionário foi designado para uma sala que dispunha de três mesas. Suponha que os centros dessas mesas sejam representados pelos pontos A, B e C de coordenadas (5,4), (3,7) e (1,2), respectivamente, tomando como origem o canto da sala. Nessas condições,

a) esboce a figura que representa a disposição das mesas na sala em questão.

b) quais as distâncias que cada mesa mantém entre si, em metros?

6. (Uerj) Na região conhecida como Triângulo das Bermudas, localizada no oceano Atlântico, é possível formar um triângulo com um vértice sobre a cidade porto-riquenha de San Juan, outro sobre a cidade estadunidense de Miami e o terceiro sobre as ilhas Bermudas.

A figura a seguir mostra um sistema de coordenadas cartesianas ortogonais, com os vértices do triângulo devidamente representados. A escala utilizada é 1:17 000 000, e cada unidade nos eixos cartesianos equivale ao comprimento de 1 cm.

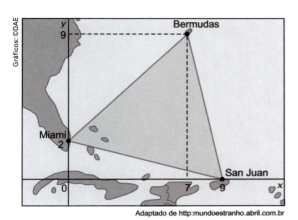

Calcule, em km² a área do Triângulo das Bermudas, conforme a representação plana da figura.

a) $4\sqrt{3}$.
b) $5\sqrt{5}$.
c) $4\sqrt{5}$.
d) $5\sqrt{3}$.

7. (Acafe-SC) Considere a circunferência dada pela equação $C_1: x^2 + y^2 + 12x + 6y + 36 = 0$ e outra circunferência dada por $C_2: x^2 + y^2 - 4x - 6y + 9 = 0$, com os pontos A e B tangentes às circunferências C_1 e C_2, respectivamente.

O comprimento do segmento AB (em unidades de comprimento) é:

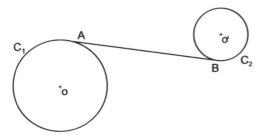

8. (Uece) No plano cartesiano usual, a equação da circunferência que contém os pontos (4,0), (4,0) e (0,8) é $x^2 + y^2 + my + n = 0$. O valor da soma $m^2 + n$ é

a) 30.

b) 10.

c) 40.

d) 20.

9. (Unicamp-SP) Considere o círculo de equação cartesiana $x^2 + y^2 = ax + by$, onde a e b são números reais não nulos. O número de pontos em que esse círculo intercepta os eixos coordenados é igual a

a) 1.

b) 2.

c) 3.

d) 4.

10. (UFRGS-RS) A circunferência definida pela equação $x^2 + y^2 - 6x + 2y = 6$ está inscrita em um quadrado. A medida da diagonal desse quadrado é

a) $\sqrt{2}$.

b) $2\sqrt{2}$.

c) $4\sqrt{2}$.

d) $6\sqrt{2}$.

e) $8\sqrt{2}$.

11. (PUC-SP) Na figura tem-se a representação de λ circunferência de centro C e tangente aos eixos coordenados nos pontos A e B

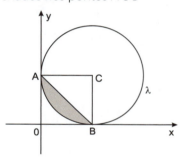

Se a equação de λ é $x^2 + y^2 - 8x - 8y + 16 = 0$, então a área da região hachurada, em unidades de superfície, é

a) $8 \cdot (\pi - 2)$

b) $8 \cdot (\pi - 4)$

c) $4 \cdot (\pi - 2)$

d) $4 \cdot (\pi - 4)$

12. (Enem) Um bairro de uma cidade foi planejado em uma região plana, com ruas paralelas e perpendiculares, delimitando quadras de mesmo tamanho. No plano de coordenadas cartesianas seguinte, esse bairro localiza-se no segundo quadrante, e as distâncias nos eixos são dadas em quilômetros.

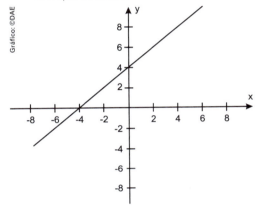

A reta de equação $y = x + 4$ representa o planejamento do percurso da linha do metrô subterrâneo que atravessará o bairro e outras regiões da cidade. No ponto $P(-5,5)$, localiza-se um hospital público. A comunidade solicitou ao comitê de planejamento que fosse prevista uma estação do metrô de modo que sua distância ao hospital, medida em linha reta, não fosse maior que 5 km. Atendendo ao pedido da comunidade, o comitê argumentou corretamente que isso seja automaticamente satisfeito, pois já estava prevista a construção de uma estação no ponto

a) (5,0).
b) (−3,1).
c) (2,1).
d) (0,4).
e) (2,6).

13. (UFU-MG) Considere as retas r_1 e r_2, descritas pelas equações cartesianas $y_1 = a \cdot x + d$ e $y_2 = b \cdot x + c$, respectivamente, em que a, b, c e d são números reais. Sabe-se que a, b, c e d formam, nessa ordem, uma progressão geométrica de razão −2 e que a soma desses números é igual a 5.

Com base nessas informações, é correto afirmar que a área do triângulo limitado pelas retas r_1, r_2 e a reta de equação $y = 0$ é igual a:

a) 24
b) 16
c) 12
d) 32

14. (IFAL) Se as equações das retas suportes dos lados de um triângulo ABC são $y = 2x - 1$; $y = 5x - 4$ e $x = 5$. A área da região triangular ABC é

a) 10.
b) 20.
c) 24.
d) 30.
e) 32.

15. (UFPR) Um balão de ar quente foi lançado de uma rampa inclinada. Utilizando o plano cartesiano, a figura a seguir descreve a situação de maneira simplificada.

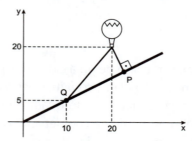

Ao ser lançado, o balão esticou uma corda presa aos pontos P e Q, mantendo-se fixo no ar. As coordenadas do ponto P, indicado na figura, são, então:

a) (21,7).
b) (22,8).
c) (24,12).
d) (25,13).
e) (26,15).

GEOMETRIA ESPACIAL

CILINDROS

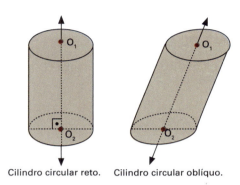

Cilindro circular reto.   Cilindro circular oblíquo.

Cilindro circular oblíquo: todo cilindro circular com as geratrizes oblíquas às bases.

Cilindro circular reto: todo cilindro circular com as geratrizes perpendiculares às bases.

O cilindro circular reto também é chamado cilindro de revolução, pois pode ser gerado pela rotação de uma superfície retangular em torno de um de seus lados, conforme sugere a ilustração a seguir.

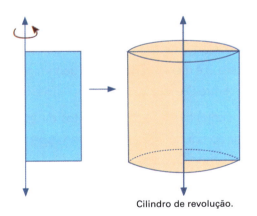

Cilindro de revolução.

Observações:

1. A intersecção de um cilindro com um plano que contém o seu eixo é chamada **seção meridiana**.

2. Quando a seção meridiana é um quadrado, o cilindro reto também é chamado **cilindro equilátero**. Nesse caso, a medida da geratriz g é igual ao diâmetro da base $2r$, que também é igual à altura h do cilindro.

SUPERFÍCIE DO CILINDRO CIRCULAR RETO

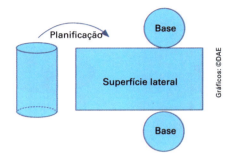

Área de cada base (A_b): área de um dos círculos das bases $A_b = \pi \cdot r^2$

Área lateral (A_L): área do retângulo com dimensões $2 \cdot \pi \cdot r$, comprimento da circunferência da base, e h altura do cilindro $A_L = 2 \cdot \pi \cdot r \cdot h$

Área total (A_t): soma da área lateral e das áreas das bases $A_t = A_L + 2 \cdot A_b$

VOLUME DO CILINDRO

O volume V de um cilindro circular com raio da base r e altura h é dado por

$$V = \pi \cdot r^2 \cdot h$$

CONES

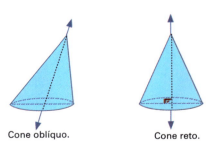

Cone oblíquo.   Cone reto.

Cone circular oblíquo: todo cone circular em que o eixo é oblíquo ao plano da base.

Cone circular reto: todo cone circular em que o eixo é perpendicular ao plano da base.

O cone circular reto também é chamado cone de revolução, pois pode ser gerado pela rotação de uma superfície com a forma de um triângulo retângulo em torno de um de seus catetos, conforme sugere a ilustração a seguir.

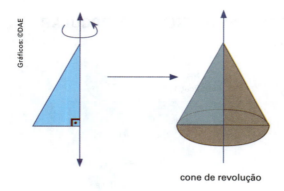

cone de revolução

Observações:

1. A intersecção de um cone com um plano que contém o seu eixo é chamada seção meridiana. No cone circular reto, a seção meridiana é um triângulo isósceles.

2. Quando a seção meridiana é um triângulo equilátero, o cone circular reto é também chamado cone equilátero. Nesse caso, a medida da geratriz é o diâmetro da base do cone, isto é, $g = 2r$.

3. Considerando o cone circular reto, sendo g a medida da geratriz, h a altura e r a medida do raio da base, tem-se: $g^2 = r^2 + h^2$.

SUPERFÍCIE DO CONE

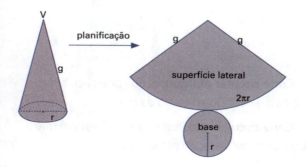

A área total A_t de um cone circular reto com raio da base r, geratriz g e altura h pode ser calculada por

$$A_t = \pi r g + \pi r^2 \text{ ou } A_t = \pi r \cdot (g + r)$$

Observação:

A área lateral do cone é dada por $\pi r g$.

VOLUME DO CONE

O volume V de um cone circular com base r e altura h é

$$V = \frac{\pi \cdot r^2 \cdot h}{3}$$

ESFERAS

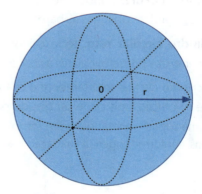

O conjunto de todos os pontos do espaço cuja distância a O é menor ou igual a r é denominado esfera com centro O e raio r.

O conjunto de todos os pontos da esfera cuja distância ao ponto O é r, denominado superfície esférica com centro O e raio r.

VOLUME DA ESFERA

O volume V de uma esfera com raio R é dado por:

$$V = \frac{4\pi R^3}{3}$$

ÁREA DA SUPEFÍCIE ESFÉRICA

A área A da superfície de uma esfera com raio R é dada por:

$$A = 4 \cdot \pi \cdot R^2$$

Exercícios

EXERCÍCIOS RESOLVIDOS

1. Considere que uma bola maciça, totalmente vedada, em formato de uma esfera perfeita, de diâmetro igual a 2 metros, foi lançada em uma piscina, de base retangular com dimensões de 5 metros e 12 metros, com água até a altura de 1,2 metros. Considerando que a bola ficou completamente submersa pela água, em quantos metros o nível da foi elevado?

Como a piscina é em forma de paralelepípedo, sendo a, b e c as medidas das arestas, temos que seu volume é:

$$V = a \cdot b \cdot c$$

O volume da água deslocado na piscina corresponde ao volume da esfera imersa, isto é:

$$V_{desl} = V_{esf}$$

$$5 \cdot 12 \cdot h = \frac{4}{3}\pi R^3$$

$$60h = \frac{4}{3}\pi \cdot 1^3 \Rightarrow h = \frac{\pi}{45}\,m$$

2. (UEMG) Um reservatório de água, de formato cônico, com raio da tampa circular igual a 8 metros e altura igual a 9 metros, será substituído por outro de forma cúbica, de aresta igual a 10 metros.

Estando o reservatório cônico completamente cheio, ao se transferir a água para o reservatório cúbico, a altura do nível atingida pela água será de (considere $\pi \cong 3$)

a) 5,76 m   **c)** 6, 38 m

b) 4, 43 m   **d)** 8, 74 m

Calculando o volume de água no reservatório cônico, temos:

$$V = \frac{1}{3}\pi \cdot R^2 \cdot h$$

$$V = \frac{1}{3} \cdot \pi \cdot 8^2 \cdot 9$$

$$V \cong \frac{1}{3} \cdot 3 \cdot 64 \cdot 9$$

$$V \cong 576\,m^3$$

Assim, podemos determinar a altura h atingida no reservatório cúbico:

$$10^2 \cdot h = 576 \Leftrightarrow h = 5,76\,m$$

3. (Acafe-SC) Uma pirâmide de base triangular regular reta e um cone reto estão inscritos num cilindro reto, cujo raio da base é r e altura h. A relação entre a altura e o raio do cilindro, para que a diferença entre o volume do cone e da pirâmide seja equivalente a $\left(\dfrac{4\pi - 3\sqrt{3}}{12}\right)$ unidades, é:

a) $r^2h = 1$.

b) $h = \dfrac{\pi - \sqrt{3}}{r}$.

c) $rh = \dfrac{\pi - \sqrt{3}}{12}$.

d) $rh = 1$.

Conhecemos a diferença entre os volumes do cone e da pirâmide. Assim, podemos escrever:

$$V_{cone} - V_{pirâmide} = \frac{4\pi - 3\sqrt{3}}{12}$$

$$\frac{\pi R^2 h}{3} - \frac{A_b \cdot h}{3} = \frac{4\pi - 3\sqrt{3}}{12}$$

$$\downarrow A_b = \frac{L^2\sqrt{3}}{4}$$

$$\pi R^2 h - \frac{L^2\sqrt{3}}{4} \cdot h = \frac{4\pi - 3\sqrt{3}}{4}$$

Observe que temos a seguinte relação:

$$R = \frac{2}{3}h_\Delta$$

$$R = \frac{2}{3} \cdot \frac{L\sqrt{3}}{2} \Rightarrow L = R\sqrt{3}$$

Substituindo esse resultado na expressão anterior:

$$\pi R^2 h - \frac{(R\sqrt{3})^2\sqrt{3}}{4} \cdot h = \frac{4\pi - 3\sqrt{3}}{4}$$

$$\pi R^2 h - \frac{3\sqrt{3}R^2 h}{4} \cdot h = \frac{4\pi - 3\sqrt{3}}{4}$$

$$\frac{4\pi R^2 h - 3\sqrt{3}R^2 h}{4} = \frac{4\pi - 3\sqrt{3}}{4}$$

$$\frac{R^2 h\left(4\pi - 3\sqrt{3}\right)}{4} = \frac{4\pi - 3\sqrt{3}}{4}$$

$$R^2 h = 1$$

4. (UPE) A figura abaixo representa um tanque de combustível de certa marca de caminhão a diesel. Sabendo que esse veículo faz, em média, 3 km/L, e, observando o marcador de combustível no início e no final de uma viagem, quantos quilômetros esse caminhão percorreu?

Considere $\pi \cong 3$.

a) 243 km

b) 425 km

c) 648 km

(d)) 729 km

e) 813 km

Cálculo do volume do tanque (suposto cilíndrico):

$$V = \pi \cdot R^2 \cdot h$$

$$V = \pi \cdot \left(\frac{0,6}{2}\right)^2 \cdot 1,5$$

$$V \cong 3 \cdot 0,09 \cdot 1,5$$

$$V \cong 0,405 \Rightarrow V \cong 0,405 \text{ m}^3 \Rightarrow 405 \text{ L}$$

Considerando o consumo do caminhão:

$$C_{caminhão} = \frac{3}{5} \cdot 405 = 243 \text{ L}$$

Portanto, ele percorreu $243 \cdot 3$ km = 729 km.

EXERCÍCIOS PROPOSTOS

1. (Uema) Um marceneiro tem como seu principal produto bancos de madeira, os quais são envernizados, antes da sua montagem, para melhor acabamento. Tais bancos são compostos pelo assento circular e quatro pernas de seção quadrada. O assento tem raio de 30 cm e espessura de 5 cm, enquanto as pernas têm 3 cm de lado e 40 cm de altura. Sabe-se que o verniz utilizado pelo marceneiro tem rendimento de 8 m² por litro, e é vendido, apenas, em latas de um litro.

Para envernizar toda a sua produção mensal, 40 (quarenta) bancos, a quantidade de latas de verniz a ser adquirida é de

(Considere 1 m² = 10 000 cm² e $\pi \cong 3,14$)

a) 3.

b) 4.

c) 5.

d) 6.

e) 7.

2. (PUC-SP) Dispõe-se de N tubos cilíndricos, todos iguais entre si, cada qual com diâmetro interno de 4 cm. Se esses tubos transportam a mesma quantidade de água que um único tubo cilíndrico, cujo diâmetro interno mede 12 cm e cujo comprimento é igual ao dobro do comprimento dos primeiros, então:

a) N > 15

b) 10 < N < 15

c) 6 < N < 10

d) N < 6

3. (UFU-MG) A densidade (ou densidade volumétrica) de um material mede a quantidade de matéria (massa) que está presente em uma unidade de volume desse material. Embora todo material seja um objeto espacial, é comum considerarmos sendo de "natureza linear". Por exemplo, um fio de cobre tem natureza linear e consideramos sua densidade linear (razão de sua massa pelo seu comprimento).

O vergalhão CA 60 são barras de aço muito resistentes, utilizadas na construção civil e comercializadas em barras padrão de 12 metros. Admitindo que essas barras sejam cilíndricas, seus diâmetros (bitolas) variam de 4,2 a 9,5 mm.

De acordo com as especificações da norma NBR 7480, a barra da bitola de 6,0 mm tem densidade linear de 0,222 kg/m (quilograma por metro).

Com base nas informações apresentadas, a densidade, em kg/m³ de uma barra de bitola 6 mm é igual a

a) $\dfrac{222}{36\pi}$

b) $\dfrac{222}{9\pi}$

c) $\dfrac{222\,000}{9\pi}$

d) $\dfrac{222\,000}{36\pi}$

4. (UFJF-MG) São dados dois cones equiláteros C_1 e C_2 tais que a área total de C_2 é o dobro da área total de C_1 e que o raio da base de C_1 é 3 m Sabendo que em um cone equilátero, a geratriz é o dobro do raio da base, o volume do cone C_2, em centímetros cúbicos, é

a) $9\sqrt{3}\pi$

b) $9\sqrt{10}\pi$

c) $18\sqrt{3}\pi$

d) $18\sqrt{6}\pi$

e) $54\sqrt{6}\pi$

5. (UFRGS-RS) Em uma caixa, há sólidos geométricos, todos de mesma altura: cubos, cilindros, pirâmides quadrangulares regulares e cones. Sabe-se que as arestas da base dos cubos e das pirâmides têm a mesma medida; que o raio da base dos cones e dos cilindros tem a mesma medida. Somando o volume de 2 cubos e de 2 cilindros, obtêm-se 180 cm³. A soma dos volumes de 3 cubos e 1 cone resulta em 110 cm³ e a soma dos volumes de 2 cilindros e 3 pirâmides resulta em 150 cm³.

O valor da soma dos volumes, em cm³ de um cubo, um cilindro, dois cones e duas pirâmides é

a) 150.

b) 160.

c) 190.

d) 210.

e) 240.

6. (UCS-RS) Uma ampulheta tem a forma de dois cones circulares retos idênticos (mesmo raio e

Exercícios 153

mesma altura) no interior de um cilindro circular reto, conforme mostra a figura.

O volume da parte do cilindro sem os dois cones é igual _____ soma dos volumes desses cones. Assinale a alternativa que preenche corretamente a lacuna acima.

a) à

b) ao dobro da

c) à metade da

d) a um terço da

e) a dois terços da

7. (UFRGS-RS) Se um jarro com capacidade para 2 litros está completamente cheio de água, a menor medida inteira, em cm, que o raio de uma bacia com a forma semiesférica deve ter para comportar toda a água do jarro é

a) 8.

b) 10.

c) 12.

d) 14.

e) 16.

8. (Uece) Duas esferas que se tangenciam estão em repouso sobre um plano horizontal. Os volumes das esferas são respectivamente 2304π m^3 e 36π m^3. A distância, em metros, entre os pontos de contato das esferas com o plano é igual a

a) 9.

b) 12.

c) 15.

d) 10.

9. (IFSC) Um galão de vinho de formato cilíndrico tem raio da base igual a 2 m e altura 3 m. Se 40% do seu volume está ocupado por vinho, é correto afirmar que a quantidade de vinho existente no galão é:

Dados: $\pi = 3,14$

$V = \pi \cdot R^2 \cdot h$

a) 3 768 litros.

b) 37 680 litros.

c) 18 840 litros.

d) 1 507 litros.

e) 15 072 litros.

10. (Enem) Para resolver o problema de abastecimento de água foi decidida, numa reunião do condomínio, a construção de uma nova cisterna. A cisterna atual tem formato cilíndrico, com 3 m de altura e 2 m de diâmetro, e estimou-se que a nova cisterna deverá comportar 81 m³ de água, mantendo o formato cilíndrico e a altura da atual. Após a inauguração da nova cisterna a antiga será desativada.
Utilize 3,0 como aproximação para π.
Qual deve ser o aumento, em metros, no raio da cisterna para atingir o volume desejado?

a) 0,5

b) 1,0

c) 2,0

d) 3,5

e) 8,0

11. (Enem) Um artesão fabrica vários tipos de potes cilíndricos. Mostrou a um cliente um pote de raio de base a e altura b. Esse cliente, por sua vez, quer comprar um pote com o dobro do volume do pote apresentado. O artesão diz que possui potes com as seguintes dimensões:

– Pote I: raio a e altura $2b$

– Pote II: raio $2a$ e altura b

– Pote III: raio $2a$ e altura $2b$

– Pote IV: raio $4a$ e altura b

– Pote V: raio $4a$ e altura $2b$

O pote que satisfaz a condição imposta pelo cliente é o

a) I.

b) II.

c) III.

d) IV.

e) V.

12. (Enem) Ao se perfurar um poço no chão, na forma de um cilindro circular reto, toda a terra retirada é amontoada na forma de um cone circular reto, cujo raio da base é o triplo do raio do poço e a altura é 2,4 metros. Sabe-se que o volume desse cone de terra é 20% maior do que o volume do poço cilíndrico, pois a terra fica mais fofa após ser escavada.

Qual é a profundidade, em metros, desse poço?

a) 1,44

b) 6,00

c) 7,20

d) 8,64

e) 36,00

13. (FGV-SP) Determinada marca de ervilhas vende o produto em embalagens com a forma de cilindros circulares retos. Uma delas tem raio da base 4 cm. A outra é uma ampliação perfeita da embalagem menor, com raio da base 5 cm. O preço do produto vendido na embalagem menor é de R$ 2,00. A embalagem maior dá um desconto, por mL de ervilha, de 10% em relação ao preço por mL de ervilha da embalagem menor.

Exercícios 155

Nas condições dadas, o preço do produto na embalagem maior é de, aproximadamente,

a) R$ 3,51.
b) R$ 3,26.
c) R$ 3,12
d) R$ 2,81.
e) R$ 2,25.

15. (PUC-RJ) O volume do sólido gerado pela rotação de um quadrado de lado 3 cm em torno de um dos seus lados é, em cm³.

a) 3π
b) 6π
c) 9π
d) 18π
e) 27π

14. (Enem) Uma fábrica brasileira de exportação de peixes vende para o exterior atum em conserva, em dois tipos de latas cilíndricas: uma de altura igual a 4 cm, e raio 6 cm, e outra de altura desconhecida e raio de 3 cm, respectivamente, conforme figura. Sabe-se que a medida do volume da lata que possui raio maior, V_1, é 1,6 vezes a medida do volume da lata que possui raio menor, V_2.

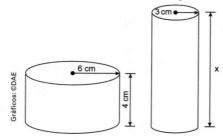

A medida da altura desconhecida vale

a) 8 cm.
b) 10 cm.
c) 16 cm.
d) 20 cm.
e) 40 cm.

16. (PUC-RS) Uma casquinha de sorvete na forma de cone foi colocada em um suporte com formato de um cilindro, cujo raio da base e a altura medem a cm, conforme a figura.

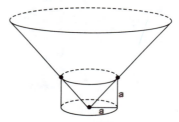

O volume da parte da casquinha que está no interior do cilindro, em cm³ é

a) $\dfrac{\pi a^2}{2}$

b) $\dfrac{\pi a^2}{3}$

c) $\dfrac{\pi a^3}{2}$

d) $\dfrac{\pi a^3}{3}$

e) $\dfrac{\pi a^3}{6}$

NÚMEROS COMPLEXOS

O CONJUNTO DOS NÚMEROS COMPLEXOS

OS NÚMEROS COMPLEXOS

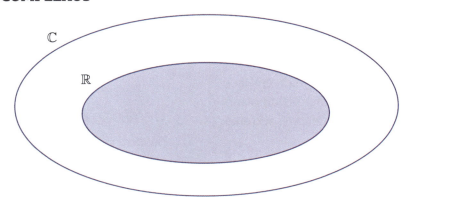

- Todo número real é complexo.
- Os números complexos que não são reais são ditos imaginários.

A FORMA ALGÉBRICA DE UM NÚMERO COMPLEXO

Todo número complexo $z = (a; b)$, em que a e b são números reais, pode ser escrito na forma algébrica $z = a + bi$, em que $i^2 = -1$ ou $i = \sqrt{-1}$.

No número complexo $z = a + bi$, a é chamado parte real de z, e b é chamado parte imaginária de z. Representamos da seguinte forma:

$$z = a + bi \rightarrow \begin{cases} a = \text{Re}(z) \\ b = \text{Im}(z) \end{cases}$$

Número complexo
- Número real (a parte imaginária é igual a zero)
- Número imaginário (a parte imaginária é diferente de zero) → Imaginário puro (a parte real é igual a zero)

O plano cartesiano que utilizamos para representar os números complexos é denominado **plano complexo** ou **plano de Argand-Gauss**.

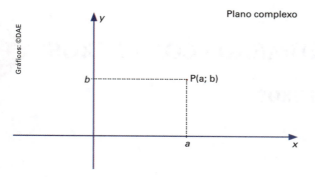

Plano complexo

Observações:

1. Os números complexos que são reais têm seus afixos situados no eixo das abscissas do plano complexo. Esse eixo também é denominado **eixo real**.

2. Os números complexos que são imaginários puros têm seus afixos no eixo das ordenadas do plano complexo. Esse eixo também é denominado **eixo imaginário**.

OPERAÇÕES NA FORMA ALGÉBRICA

ADIÇÃO, SUBTRAÇÃO E MULTIPLICAÇÃO DE NÚMEROS COMPLEXOS

A adição, a subtração e a multiplicação de números complexos na forma algébrica é análoga às operações com expressões algébricas. Observe os exemplos:

Adição:

$z_1 + z_2 = (5 - 7i) + (-4 + 9i)$
$z_1 + z_2 = (5 - 4) + (-7i + 9i)$
$z_1 + z_2 = 1 + 2i$.

↳ Adicionamos parte real com parte real e parte imaginária com parte imaginária.

Subtração:

$z_1 - z_2 = (5 - 7i) - (-4 + 9i)$
$z_1 - z_2 = (5 + 4) + (-7i - 9i)$
$z_1 - z_2 = 9 - 16i$.

↳ Subtraímos parte real com parte real e parte imaginária com parte imaginária.

Multiplicação:

$z_1 \cdot z_2 = (5 - 7i) \cdot (-4 + 9i)$
$z_1 \cdot z_2 = 5 \cdot (-4 + 9i) - 7i \cdot (-4 + 9i)$
$z_1 \cdot z_2 = -20 + 45i + 28i - 63i^2$
↓ $i^2 = -1$
$z_1 \cdot z_2 = -20 + 45i + 28i + 63$
$z_1 \cdot z_2 = 43 + 73i$.

↳ Utilizamos a propriedade distributiva da multiplicação em relação à adição.

O CONJUGADO DE UM NÚMERO COMPLEXO

Sendo $z = (a, b) = a + bi$ um número complexo com a e b reais, denomina-se conjugado de z o número complexo representado por $\bar{z}$, tal que:

$$\bar{z} = (a, -b) = a - bi$$

São propriedades do conjugado de um complexo:

- O conjugado da soma de dois números complexos é igual à soma dos conjugados desses complexos.
- O conjugado do produto de dois números complexos é igual ao produto dos conjugados desses complexos.
- O produto de um número complexo pelo seu conjugado é um número real não negativo.

A DIVISÃO DE DOIS NÚMEROS COMPLEXOS

O quociente $\dfrac{z_1}{z_2}$ entre dois números complexos, com $z_2 \neq 0$, é dado por:

$$\frac{z_1}{z_2} = \frac{z_1 \cdot \overline{z_2}}{z_2 \cdot \overline{z_2}}$$

Assim, multiplicamos o numerador e o denominador pelo complexo conjugado do denominador.

A FORMA TRIGONOMÉTRICA

MÓDULO DE UM NÚMERO COMPLEXO

O módulo de um número complexo $z = a + bi$, com a e b números reais, é a distância do ponto $P(a, \mathbf{b})$

à origem do plano complexo. Representaremos o módulo de z por $|z|$ ou por ρ.

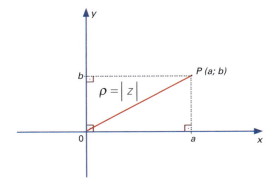

- O **módulo** de um número complexo $z = a + bi$, com a e b números reais, é dado por:

$$\rho = |z| = \sqrt{a^2 + b^2}$$

São propriedades do módulo:

- Se z é um número complexo, então $z \cdot \bar{z} = |z|^2$;

- Se z é um número complexo, então $|z| = |\bar{z}|$;

- Se z_1 e z_2 são números complexos, então $|z_1 \cdot z_2| = |z_1| \cdot |z_2|$.

A FORMA TRIGONOMÉTRICA

O afixo de um número complexo pode também ser localizado por **coordenadas polares**, sendo que o módulo é uma de suas coordenadas. A outra coordenada é chamada de **argumento**:

- O **argumento** de um número complexo **não nulo** $z = a + bi$, com a e b reais, é o ângulo θ, em que $0 \leq \theta < 2\pi$, que se obtém no sentido anti-horário a partir do eixo x.

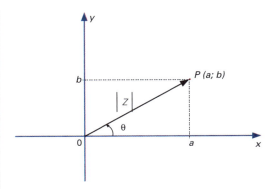

A relação $z = \rho \cdot (\cos\theta + i\,\text{sen}\,\theta)$ é a **forma trigonométrica** ou **forma polar** do número complexo não nulo z.

OPERAÇÕES NA FORMA TRIGONOMÉTRICA

MULTIPLICAÇÃO E DIVISÃO NA FORMA TRIGONOMÉTRICA

O **produto** dos números complexos $z_1 = \rho_1 \cdot (\cos\theta_1 + i\,\text{sen}\,\theta_1)$ e $z_2 = \rho_2 \cdot (\cos\theta_2 + i\,\text{sen}\,\theta_2)$ é obtido pela relação:

$$z_1 \cdot z_2 = \rho_1 \cdot \rho_2 \cdot \left[\cos(\theta_1 + \theta_2) + i\,\text{sen}(\theta_1 + \theta_2)\right]$$

O **quociente** dos números complexos $z_1 = \rho_1 \cdot (\cos\theta_1 + i\,\text{sen}\,\theta_1)$ e $z_2 = \rho_2 \cdot (\cos\theta_2 + i\,\text{sen}\,\theta_2)$, nessa ordem e sendo $z_2 \neq 0$, é obtido pela relação:

$$\frac{z_1}{z_2} = \frac{\rho_1}{\rho_2} \cdot \left[\cos(\theta_1 - \theta_2) + i\,\text{sen}(\theta_1 - \theta_2)\right]$$

POTENCIAÇÃO NA FORMA TRIGONOMÉTRICA

Dado um complexo $z = \rho \cdot (\cos\theta + i\,\text{sen}\,\theta)$ e n um número natural, temos:

$$z^n = \rho^n \cdot \left[\cos(n\theta) + i\,\text{sen}(n\theta)\right]$$

Esta relação matemática é conhecida como Fórmula de Moivre.

Exercícios

EXERCÍCIOS RESOLVIDOS

1. (Unicamp-SP) Considere o número complexo $z = \dfrac{1+ai}{a-i}$, onde a é um número real e i é a unidade imaginária, isto é, $i^2 = -1$. O valor de z^{2016} é igual a

a) a^{2016}.

(b) 1.

c) $1 + 2016i$.

d) i.

Vamos escrever o número complexo z na sua forma algébrica, isto é:

$$z = \frac{1+ai}{a-i}$$
$$z = \frac{(1+ai)}{(a-i)} \cdot \frac{(a+i)}{(a+i)}$$
$$z = \frac{a+i+a^2 i - a}{a^2 + 1}$$
$$z = i$$

Agora podemos determinar a potência solicitada, ou seja:

$$z^{2016} = i^{2016}$$
$$z^{2016} = \left(i^4\right)^{504}$$
$$z^{2016} = 1^{2004} \rightarrow z^{2016} = 1$$

2. Escreva o número complexo $z = 1 + i$ na sua forma trigonométrica.

Calculamos inicialmente o módulo:

$$\rho = \sqrt{a^2 + b^2}$$
$$\rho = \sqrt{1^2 + 1^2} \rightarrow \rho = \sqrt{2}$$

Cálculo do argumento do número complexo:

$$tg\theta = \frac{b}{a}$$
$$tg\theta = \frac{1}{1} = 1$$
$$\theta \in 1^\circ Q \Rightarrow \theta = 45^\circ$$

Forma trigonométrica:

$$z = \rho \cdot (\cos\theta + i\,sen\theta)$$
$$z = \sqrt{2} \cdot \left(\cos 45^\circ + i\,sen\, 45^\circ\right)$$

3. (UPF-RS) O número complexo z, tal que $5z + \bar{z} = 12 + 16i$, é igual a:

a) $-2 + 2i$.

b) $2 - 3i$.

c) $3 + i$

(d) $2 + 4i$

e) $1 + 2i$

Substituímos z por $a + bi$ e o seu conjugado por $a - bi$:

$$5z + \bar{z} = 12 + 16i$$
$$5(a + bi) + a - bi = 12 + 16i$$
$$5a + 5bi + a - bi = 12 + 16i$$
$$6a + 4bi = 12 + 16i$$

Por igualdade de números complexos, vem:

$$a = 2 \text{ e } b = 4$$
$$z = a + bi \Rightarrow z = 2 + 4i$$

4. Determine o número complexo z que verifica a igualdade:

$$(1+i)\left(\cos\frac{\pi}{12} + i\,sen\frac{\pi}{12}\right) = z$$

Vamos considerar o resultado obtido na questão 2, isto é:

$$1 + i = \sqrt{2} \cdot \left(\cos 45^\circ + i\,sen\, 45^\circ\right)$$

Para multiplicarmos dois números complexos na forma trigonométrica, multiplicamos seus módulos e adicionamos seus argumentos. Assim, vale:

$$(1+i)\left(\cos\frac{\pi}{12} + i\,sen\frac{\pi}{12}\right) = z$$
$$\sqrt{2} \cdot \left(\cos 45^\circ + i\,sen\, 45^\circ\right) \cdot 1 \cdot \left(\cos 15^\circ + i\,sen\, 15^\circ\right) = z$$
$$\sqrt{2} \cdot 1 \cdot \left[\cos\left(45^\circ + 15^\circ\right) + i\,sen\left(45^\circ + 15^\circ\right)\right] = z$$
$$\sqrt{2} \cdot \left(\cos 60^\circ + i\,sen\, 60^\circ\right) = z$$

EXERCÍCIOS PROPOSTOS

1. (Cefet-MG) Considere as raízes complexas w_0, w_1, w_2, w_3, e w_4 da equação $w_5 = z$, onde $z \in \mathbb{C}$ representadas graficamente por

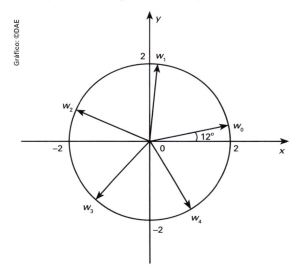

O número complexo z é

a) $16i$.

b) $32i$.

c) $16 + 16i$.

d) $16 + 16\sqrt{3}\,i$.

e) $32 + 32\sqrt{3}\,i$.

2. (Unicamp-SP) Sejam x e y números reais tais que $x + yi = \sqrt{3 + 4i}$, onde i é a unidade imaginária. O valor de xy é igual a

a) -2.

b) -1.

c) 1.

d) 2.

3. (Ifsul-RS) Em 1823, Arthur Edwin (1861-1939) adotou o termo Impedância, bem como utilizou os 9 números complexos para os elementos dos circuitos elétricos em corrente alternada. Desde então, os números complexos são fundamentais para a Engenharia Elétrica, sendo que sem os mesmos todos os parâmetros de circuitos elétricos teriam que ser calculados através da álgebra e tudo seria extremamente difícil.

Disponível em: <www.igm.mat.br/aplicativos/index.php?option=-com_content&view=article&id=130%3Aaplicacoesee&catid=38%3Aconteudosfvc&Itemid=40>. Acesso: 10 abr. 2015. (Adaptado.)

Qual é o módulo do número complexo $z = \dfrac{2i}{i^{26} - i^3}$?

a) $2\sqrt{2}$

b) $\sqrt{2}$

c) $2\sqrt{3}$

d) $\sqrt{3}$

4. (Uece) Se os números complexos z e w estão relacionados pela equação $z + wi = i$ e se $z = 1 - \dfrac{1}{i}$ então w é igual a

a) i.

b) $1 - i$.

c) $-i$.

d) $1 + i$.

> O número complexo i é tal que $i^2 = -1$.

5. (Uern) Considere a igualdade $2z - i = \bar{z} + 1$. É correto afirmar que o número complexo z, da forma $z = a + bi$, é

a) $1 + \dfrac{i}{3}$.

b) $2 + \dfrac{i}{2}$.

c) $1 + 3i$.

d) $3 + 2i$.

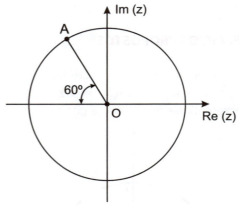

Se B é o ponto imagem do complexo $v = \dfrac{u}{i}$, então é correto afirmar que:

a) O módulo de $u + v$ é igual a $4\sqrt{2}$.

b) O módulo de $u - v$ é igual a $2\sqrt{2}$.

c) B pertence a terceiro quadrante.

d) B pertence ao quarto quadrante.

e) O triângulo AOB é equilátero.

6. (EsPCex-SP) A representação geométrica, no Plano de Argand-Gauss, do conjunto de pontos que satisfazem a condição $|z + 2 - 3i| = |z - 1 + 4i|$, com $z = x + yi$, sendo x e y números reais, é reta de equação

a) $2x - 3y + 7 = 0$.

b) $3x - 7y - 2 = 0$.

c) $2x - 3y + 3 = 0$.

d) $4x - 3y + 3 = 0$.

e) $2x - y = 0$.

7. (PUC-SP) No plano complexo de origem O, representado na figura a seguir, o ponto A é a imagem de um número complexo u cujo módulo é igual a 4.

8. (ITA-SP) Se $z = \left(\dfrac{1+\sqrt{3}i}{1-\sqrt{3}i}\right)^{10}$, então o valor de $2\arcsen(\text{Re}(z)) + 5\arctg(2\text{Im}(z))$ é igual a

a) $-\dfrac{2\pi}{3}$.

b) $-\dfrac{\pi}{3}$.

c) $\dfrac{2\pi}{3}$.

d) $\dfrac{4\pi}{3}$.

e) $\dfrac{5\pi}{3}$.

9. (PUC-RS) A área da figura representada no plano de Argand Gauss pelo conjunto de pontos $\{z \in \mathbb{C} : |z| \leq 1\}$ é

a) $\dfrac{1}{2}$

b) 1

c) $\dfrac{\pi}{2}$

d) π

e) 2π

10. (UFSM-RS) No plano complexo, o ponto z_0 representa o local de instalação de uma antena *wireless* na praça de alimentação de um *shopping*.

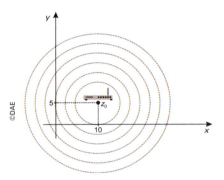

Os pontos $z = x + yi$ que estão localizados no alcance máximo dessa antena satisfazem a equação $|z - z_0| = 30$.

De acordo com os dados, esses pontos pertencem à circunferência dada por

a) $x^2 + y^2 - 20x - 10y - 775 = 0$.

b) $x^2 + y^2 - 900 = 0$.

c) $x^2 + y^2 - 10x + 20y - 775 = 0$.

d) $x^2 + y^2 - 10x + 20y - 900 = 0$.

e) $x^2 + y^2 - 20x - 10y - 900 = 0$.

11. (Uece) Se x e y são números reais não nulos, pode-se afirmar corretamente que o módulo do número complexo $z = \dfrac{x - iy}{x + iy}$ é igual a

a) 1.

b) 2.

c) $x^2 + y^2$.

d) $\left| xy \right|$.

12. (UEPB) O produto dos números complexos $(3 - i)(x + 2yi)$ é um número real quando o ponto $P(x,y)$ está sobre a reta de equação:

a) $6x + y = 0$

b) $6x - y = 0$

c) $x + 6y = 0$

d) $6y - x = 0$

e) $3y - x = 0$

13. (Unicamp-SP) O módulo do número complexo $z = i^{2014} - i^{1987}$ é igual a

a) $\sqrt{2}$

b) 0

c) $\sqrt{3}$

d) 1.

14. (Ifal) O valor da potência $(1 - i)^{10}$ é:

a) $11i$.

b) $5i$.

c) $-32i$.

d) $-50i$.

e) $1 - 5i$.

15. (FGV-SP) O número complexo $z = a + bi$, com a e b reais, satisfaz $z + \left| z \right| = 2 + 8i$, com $\left| a + bi \right| = \sqrt{a^2 + b^2}$. Nessas condições, $\left| z \right|^2$ é igual a

a) 68.

b) 100.

c) 169.

d) 208.

e) 289.

POLINÔMIOS E EQUAÇÕES ALGÉBRICAS

POLINÔMIOS

POLINÔMIO

Chamamos **expressão polinomial** ou polinômio na variável complexa x toda expressão na forma:

$$a_n x^n + a_{n-1} x^{n-1} + a_{n-2} x^{n-2} + \ldots + a_2 x^2 + a_1 x^1 + a_0$$

em que $a_n, a_{n-1}, a_{n-2}, \ldots, a_2, a_1, a_0$ são números complexos denominados coeficientes;

n é um número natural;

o maior expoente de x entre os termos não nulos do polinômio é denominado grau do polinômio.

Toda função $f : \mathbb{C} \rightarrow \mathbb{C}$, definida por $f(x) = a_n x^n + a_{n-1} x^{n-1} + a_{n-2} x^{n-2} + \ldots + a_2 x^2 + a_1 x^1 + a_0$, com $a_n \neq 0$ e sendo x um número complexo qualquer, é denominada **função polinomial de grau n**, em que n é um número natural.

Observações:

1. Se o grau de uma função polinomial for zero, então a função é definida por $f(x) = a_0$, sendo que $a_0 \neq 0$.

2. Como a cada função polinomial associamos um único polinômio e, reciprocamente, a cada polinômio associamos uma única função polinomial, quando nos referimos a um polinômio estamos também nos referindo à função polinomial, e vice-versa.

3. Cada termo de um polinômio é chamado monômio.

4. Um polinômio é identicamente nulo quando todos os seus coeficientes são iguais a zero. Como no polinômio identicamente nulo todos os coeficientes são iguais a zero, não se define o grau do polinômio.

VALOR NUMÉRICO

O valor numérico do polinômio **$p(x)$** para **$x = a$** é o número que se obtém substituindo x por a e efetuando todas as operações indicadas pela expressão que define o polinômio. Representamos esse valor por **$p(a)$**.

Observação:

Num polinômio $p(x)$, se $p(a) = 0$, o número complexo **a** é denominado raiz ou zero de **$p(x)$**.

IDENTIDADE DE POLINÔMIOS

Dois polinômios $A(x)$ e $B(x)$ são iguais ou idênticos se, e somente se, seus valores numéricos forem iguais para todo número complexo a. Em símbolos:

$$A(x) \equiv B(x) \Leftrightarrow A(a) = B(a), \forall a \in \mathbb{C}$$

Observações:

1. Utilizamos o símbolo "$\equiv$" para indicar que dois polinômios são idênticos, isto é, são iguais para quaisquer valores atribuídos à variável. O símbolo "$\forall$" significa "para todo".

2. Outra maneira de verificar a identidade de polinômios: dois polinômios são idênticos se, e somente se, os coeficientes de mesmo grau forem iguais.

OPERAÇÕES COM POLINÔMIOS

ADIÇÃO, SUBTRAÇÃO E MULTIPLICAÇÃO DE POLINÔMIOS

Observe nos exemplos como podemos adicionar, subtrair e multiplicar polinômios:

Adição de polinômios:

Dados os polinômios

$A(x) = 5x^3 + 3x^2 + 9x - 10$ e $B(x) = 9x^3 + 7x^2 - 7x + 42,$

Polinômios e equações algébricas 165

vamos determinar o polinômio $A(x) + B(x)$ correspondente à adição deles.

$A(x) + B(x) = (5x^3 + 3x^2 + 9x - 10) + (9x^3 + 7x^2 - 7x + 42)$
$A(x) + B(x) = (5x^3 + 9x^3) + (3x^2 + 7x^2) + (9x - 7x) + (-10 + 42)$
$A(x) + B(x) = 14x^3 + 10x^2 + 2x + 32$

Subtração de polinômios:

Vamos subtrair agora os mesmos polinômios $A(x)$ e $B(x)$ do exemplo anterior.

$A(x) - B(x) = (5x^3 + 3x^2 + 9x - 10) - (9x^3 + 7x^2 - 7x + 42)$
$A(x) - B(x) = (5x^3 - 9x^3) + (3x^2 - 7x^2) + (9x + 7x) + (-10 - 42)$
$A(x) - B(x) = -4x^3 - 4x^2 + 16x - 52$

Multiplicação de polinômios:

Vamos multiplicar os polinômios
$A(x) = 2x^3 + 9x - 10$ e $B(x) = 4x^2 - 3$.

$A(x) \cdot B(x) = (2x^3 + 9x - 10) \cdot (4x^2 - 3)$
$A(x) \cdot B(x) = 2x^3 \cdot (4x^2 - 3) + 9x \cdot (4x^2 - 3) - 10 \cdot (4x^2 - 3)$
$A(x) \cdot B(x) = 8x^5 - 6x^3 + 36x^3 - 27x - 40x^2 + 30$
$A(x) \cdot B(x) = 8x^5 + 30x^3 - 40x^2 - 27x + 30$

DIVISÃO DE POLINÔMIOS

Ao dividirmos um polinômio $A(x)$ por outro polinômio $B(x)$, com $B(x) \neq 0$, queremos determinar outros dois polinômios $Q(x)$ e $R(x)$ correspondentes ao quociente e ao resto da divisão, respectivamente. Esses dois polinômios deverão satisfazer às seguintes condições:

$$
\begin{array}{c|c}
A(x) & B(x) \\
R(x) & Q(x)
\end{array}
\longrightarrow
\begin{cases}
A(x) \rightarrow \text{dividendo} \\
B(x) \rightarrow \text{divisor} \\
Q(x) \rightarrow \text{quociente} \\
R(x) \rightarrow \text{resto}
\end{cases}
$$

1ª condição:
$A(x) = B(x) \cdot Q(x) + R(x)$

2ª condição:
O grau de $R(x)$ não pode ser igual nem maior que o grau de $B(x)$. O polinômio $R(x)$ pode também ser igual a zero (polinômio identicamente nulo).

Método das chaves

O método das chaves segue a divisão entre números naturais, conforme cada etapa a seguir:

1ª etapa: escrevemos os polinômios, dividendo e divisor, em ordem decrescente de seus expoentes. Quando necessário, completamos os termos que estão faltando colocando o zero como coeficiente.

2ª etapa: iniciamos dividindo o termo de maior grau do dividendo pelo termo de maior grau do divisor, obtendo um termo do quociente da divisão.

3ª etapa: multiplicamos o termo obtido na etapa anterior pelo divisor e subtraímos esse produto do dividendo.

4ª etapa: caso a diferença obtida corresponda a um polinômio de grau maior ou igual ao do divisor, ele passa a ser um novo dividendo. Dessa forma, repetimos o que fizemos na 2ª e 3ª etapas.

Exemplo:

$$
\begin{array}{l|l}
2x^4 - 5x^3 + 7x^2 + 0x - 10 & \;x^2 + 2x - 3 \\
\underline{-2x^4 - 4x^3 + 6x^2} & \;2x^2 - 9x + 31 \\
\qquad -9x^3 + 13x^2 + 0x - 10 & \quad\text{Quociente} \\
\qquad \underline{+9x^3 + 18x^2 - 27x} & \quad\text{da divisão.} \\
\qquad\qquad 31x^2 - 27x - 10 & \\
\qquad\qquad \underline{-31x^2 - 62x + 93} & \\
\qquad\qquad\qquad -89x + 83 &
\end{array}
$$

Resto da divisão.

• **Divisão por $x - a$**

Quando efetuarmos uma divisão de um polinômio de grau maior ou igual a 1 por um polinômio do 1º grau da forma $(x - a)$, há um procedimento que nos permite obter o quociente e o resto da divisão de um modo bem mais simples, conhecido por dispositivo prático de Briot-Ruffini.

Exemplo:

Vamos obter o quociente e o resto da divisão do polinômio $A(x) = x^4 - 2x^2 + 9x - 15$ pelo polinômio do primeiro grau $B(x) = x + 1$.

• Observando que a raiz do divisor é igual $a -1$, escrevemos a raiz no canto esquerdo do dispositivo. A sua direita, colocamos os coeficientes completos do dividendo, isto é:

166 Caderno de revisão

- Conforme vimos no exemplo, seguimos agora o procedimento para a obtenção do resto da divisão e dos coeficientes do quociente correspondente:

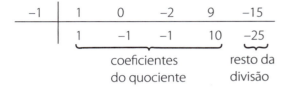

Portanto, temos quociente
$Q(x) = 1 \cdot x^3 - 1 \cdot x^2 - 1 \cdot x + 10 = x^3 - x^2 - x + 10$
e resto $R(x) = -25$.

TEOREMAS DA DIVISÃO DE POLINÔMIOS

Teorema do resto

O resto da divisão de um polinômio P(x) de grau maior ou igual a 1 pelo binômio (x – a) é o valor numérico desse polinômio para x = a, que indicamos por P(a).

Observações:

1. Como a própria denominação dada acima, o Teorema do resto é utilizado quando estamos interessados no resto da divisão.

2. Pode-se demonstrar, analogamente, que o resto da divisão de um polinômio P(x) de grau maior ou igual a 1 por um polinômio da forma $ax + b$ ($a \neq 0$) é igual ao valor numérico desse polinômio para $x = -\dfrac{b}{a}$.

Teorema de D'Alembert

Um polinômio P(x) de grau maior ou igual a 1 é divisível por (x – a) se, e somente se, a for raiz de P(x).

Teorema do fator

Se k é raiz de um polinômio P(x), de grau $n \geq 1$, então (x – k) é um fator de P(x).

Como consequência do Teorema do fator, podemos dizer que P(x) é divisível por (x – a) e por (x – b), com $a \neq b$, se, e somente se, P(x) for divisível por $(x - a) \cdot (x - b)$.

EQUAÇÕES POLINOMIAIS

EQUAÇÃO POLINOMIAL

Denomina-se **equação polinomial** ou algébrica toda equação que pode ser escrita na forma:

$$a_n x^n + a_{n-1} x^{n-1} + \ldots + a_2 x^2 + a_1 x + a_0 = 0 \text{ (com } a_n \neq 0\text{)}$$

em que os coeficientes $a_n, a_{n-1}, \ldots, a_2, a_1, a_0$ são números complexos, a incógnita x assume valor nos complexos e n, grau da equação, é um número natural maior ou igual a 1.

Solução de uma equação polinomial

Um número complexo α é **raiz** (ou solução) da equação algébrica $a_n x^n + a_{n-1} x^{n-1} + \ldots + a_2 x^2 + a_1 x + a_0 = 0$ se, e somente se, $a_n \alpha^n + a_{n-1} \alpha^{n-1} + \ldots + a_2 \alpha^2 + a_1 \alpha + a_0 = 0$

Conjunto solução

Denominamos conjunto solução (ou conjunto verdade) de uma equação algébrica o conjunto formado por todas as raízes da equação.

Observações:

1. Resolvemos uma equação do 1º grau isolando a incógnita.

2. Uma equação do 2º grau pode ser resolvida utilizando a fórmula resolutiva conhecida como fórmula de Bháskara.

3. Embora existam fórmulas resolutivas para as equações do 3º e 4º graus, elas não são abordadas no Ensino Médio.

4. Para uma equação algébrica do 5º grau ou de grau maior que 5, não existe uma fórmula resolutiva que permita obter as soluções.

TEOREMA FUNDAMENTAL DA ÁLGEBRA E TEOREMA DA DECOMPOSIÇÃO

Toda equação algébrica P(x) = 0 de grau x ($n \geq 1$) possui pelo menos uma raiz complexa.

O Teorema fundamental da álgebra não afirma quantas raízes admite uma equação algébrica de grau n. Ele garante a existência de, pelo menos, uma raiz complexa.

Todo polinômio

$$P(x) = a_n x^n + a_{n-1} x^{n-1} + ... + a_2 x^2 + a_1 x + a_0 \text{ com } n \geq 1$$

e $a_n \neq 0$, pode ser decomposto num produto de n fatores do 1º grau, isto é:

$$P(x) = a_n (x - x_1) \cdot (x - x_2) \cdot (x - x_3) \cdot ... \cdot (x - x_n)$$

Observações:

1. A forma fatorada de uma equação polinomial, mesmo que não contenha todos os fatores do 1º grau, auxilia na busca das soluções da equação.

2. Sendo assim, diante de uma equação algébrica, procure utilizar a fatoração. Lembrando que, se um produto de dois ou mais fatores é igual a zero, necessariamente pelo menos um deles é igual a zero. Esse é um procedimento que pode ser utilizado para a busca de soluções de uma equação algébrica.

3. Pelo Teorema da decomposição, vimos que um polinômio P(x) de grau $n \geq 1$ pode ser fatorado como produto de n fatores do 1º grau. Entretanto, isso não significa que esses fatores são todos distintos dois a dois. Em relação às raízes da correspondente equação polinomial, isso também não significa que as n raízes sejam distintas.

MULTIPLICIDADE DE UMA RAIZ

Se $x = \alpha$ é raiz de multiplicidade m ($m \in \mathbb{N}$, $m \geq 1$) de uma equação P(x) = 0, então:

$$P(x) = (x - \alpha)^m \cdot Q(x), \text{ com } Q(\alpha) \neq 0$$

Observações:

1. Considerando a afirmação acima concluímos que P(x) é divisível por $(x - \alpha)^m$:

2. Conforme o valor de m, temos:

$m = 1 \rightarrow \alpha$ é uma raiz simples;

$m = 2 \rightarrow \alpha$ é uma raiz de multiplicidade 2 (raiz dupla);

$m = 3 \rightarrow \alpha$ é uma raiz de multiplicidade 3 (raiz tripla).

...

TEOREMAS E RELAÇÕES ENTRE RAÍZES

RELAÇÕES DE GIRARD

Equações do 2º grau

Sendo x_1 e x_2 as raízes de uma equação $ax^2 + bx + c = 0$ ($a \neq 0$), são válidas as relações:

$$\begin{cases} x_1 + x_2 = -\dfrac{b}{a} \rightarrow \text{soma das raízes} \\ \\ x_1 \cdot x_2 = \dfrac{c}{a} \rightarrow \text{produto das raízes} \end{cases}$$

Equações do 3º grau

Sendo x_1, x_2 e x_3 as raízes de uma equação $ax^3 + bx^2 + cx + d = 0$ ($a \neq 0$), são válidas as relações:

$$\begin{cases} x_1 + x_2 + x_3 = -\dfrac{b}{a} \rightarrow \text{soma das raízes} \\ \\ x_1 \cdot x_2 + x_1 \cdot x_3 + x_2 \cdot x_3 = \dfrac{c}{a} \rightarrow \begin{array}{l} \text{soma dos produtos} \\ \text{das raízes duas a duas} \end{array} \\ \\ x_1 \cdot x_2 \cdot x_3 = -\dfrac{d}{a} \rightarrow \text{produto das raízes} \end{cases}$$

Analogamente podemos estabelecer as relações para equações do 4º grau em diante. Assim, para uma equação de grau n da forma $a_n x^n + a_{n-1} x^{n-1} + a_{n-2} x^{n-2} + ... + a_2 x^2 + a_1 x + a_0 = 0$, tem-se:

$$\begin{cases} x_1 + x_2 + x_3 + ... + x_n = -\dfrac{a_{n-1}}{a_n} \\ \\ x_1 x_2 + x_1 x_3 + x_1 x_4 + ... + x_{n-1} x_n = \dfrac{a_{n-2}}{a_n} \\ \\ x_1 x_2 x_3 + x_1 x_2 x_4 + x_1 x_2 x_5 + ... + x_{n-2} x_{n-1} x_n = \dfrac{a_{n-3}}{a_n} \\ \vdots \\ x_1 x_2 x_3 ... x_{n-2} x_{n-1} x_n = (-1)^n \dfrac{a_0}{a_n} \end{cases}$$

TEOREMA DAS RAÍZES IMAGINÁRIAS

Se um número complexo $z = a + bi$ (com $a, b \in \mathbb{R}$ e $b \neq 0$) é raiz de uma equação algébrica com todos os coeficientes reais e de grau $n > 1$, então o seu conjugado $\overline{z} = a - bi$ também é raiz dessa equação.

Observações:

1. O teorema anterior é válido quando os coeficientes da equação polinomial são todos reais.

2. Quando um número imaginário $z = a + bi$ $(b \neq 0)$ é raiz de multiplicidade m de uma equação polinomial com todos os coeficientes reais, o número imaginário $\bar{z} = a - bi$ também é raiz dessa equação e com a mesma multiplicidade.

3. Como a ocorrência de raízes imaginárias numa equação polinomial com todos os coeficientes reais ocorre aos pares, temos uma consequência: toda equação de grau ímpar, com todos os coeficientes reais, admite pelo menos uma raiz real.

TEOREMA DAS RAÍZES RACIONAIS

Seja a equação polinomial de coeficientes inteiros $a_n x^n + a_{n-1} x^{n-1} + a_{n-2} x^{n-2} + \ldots + a_2 x^2 + a_1 x + a_0 = 0$, com $a_n \neq 0$. Se o número racional $\dfrac{p}{q}$, $p \in \mathbb{Z}$ e $q \in \mathbb{Z}^*$, com p e q sendo primos entre si, é raiz dessa equação, então p é divisor de a_n e q é divisor de a_0.

Uma consequência imediata do Teorema das raízes racionais é sobre a existência de raízes inteiras. Se p é uma raiz inteira da equação $a_n x^n + a_{n-1} x^{n-1} + a_{n-2} x^{n-2} + \ldots + a_2 x^2 + a_1 x + a_0 = 0$ com coeficientes inteiros e $a_n \neq 0$, então p é divisor de a_0.

Exercícios

EXERCÍCIOS RESOLVIDOS

1. (Cefet-MG) Considere os polinômios:

$$p(x) = x^3 + x^2 + x + 1 \text{ e } n(x) = c(x+1)(x-1),$$

onde $c \in \mathbb{R}^*$.

Se $r(x) = ax + b$, com $a, b \in \mathbb{R}$ é o resto da divisão de $p(x)$ por $n(x)$ o valor da soma $(a+b)$ é igual a

a) 4.
b) 3.
c) 2.
d) 1.
e) 0.

Pelo algoritmo da divisão de polinômios, temos que:

$p(x) = n(x) \cdot q(x) + r(x)$

$x^3 + x^2 + x + 1 = c \cdot (x+1) \cdot (x-1) \cdot q(x) + ax + b$

Para essa igualdade, vamos substituir x por 1 e por -1, ou seja:

$x^3 + x^2 + x + 1 = c \cdot (x+1) \cdot (x-1) \cdot q(x) + ax + b$

$x = 1 \to 1 + 1 + 1 + 1 = a1 + b \to 4 = a + b$

$x = -1 \to -1 + 1 - 1 + 1 = a(-1) + b \to 0 = -a + b$

Como pede-se o valor de $a+b$, o resultado é 4.

2. Considere o polinômio

$p(x) = x^6 - 2x^5 + 2x^4 - 4x^3 + x^2 - 2x$.

Obtenha o conjunto solução da equação polinomial $p(x) = 0$

Igualando o polinômio a zero, vamos procurar fatorar o primeiro membro da igualdade:

$x^6 - 2x^5 + 2x^4 - 4x^3 + x^2 - 2x = 0$

$x\left(x^5 - 2x^4 + 2x^3 - 4x^2 + x - 2\right) = 0$

$x\left[x^4(x-2) + 2x^2(x-2) + (x-2)\right] = 0$

$x(x-2)\left(x^4 + 2x^2 + 1\right) = 0$

$x = 0$

ou

$x - 2 = 0 \to x = 2$

ou

$x^4 + 2x^2 + 1 = 0$

$\left(x^2 + 1\right)^2 = 0 \to \begin{cases} x = i \text{ (mult. 2)} \\ x = -i \text{ (mult. 2)} \end{cases}$

O conjunto solução dessa equação é $\{0, 2, i, -i\}$, sendo que as raízes i e $-i$ têm multiplicidade dois.

3. (Uece) As medidas das arestas de um paralelepípedo reto, em metros, são as raízes da equação $x^3 - 5x^2 + 8x + t = 0$, onde t é um número real. A medida da diagonal desse paralelepípedo é

a) 6 m.
b) 8 m.
c) 3 m.
d) 5 m.

Considerando que a, b e c são as raízes da equação algébrica e representam também as medidas das arestas do paralelepípedo, pelas relações de Girard, temos:

$$\begin{cases} a + b + c = 5 \\ ab + ac + bc = 8 \\ abc = -t \end{cases}$$

Elevando a primeira dessas igualdades membro a membro, vem:

$(a + b + c)^2 = 5^2$

$a^2 + b^2 + c^2 + 2(ab + ac + bc) = 25$

$d^2 + 2 \cdot 8 = 25$

$d^2 = 9 \Rightarrow d = 3$

Portanto a medida da diagonal desse sólido é 3 m.

4. (UFU-MG) O polinômio de variável real $y = p(x) = x^3 - a \cdot x^2 - 9x + a \cdot r^2$ é representado graficamente conforme ilustra a figura a seguir, em que $-r$, r e a são constantes reais e encontram-se, nessa ordem, em progressão aritmética (PA).

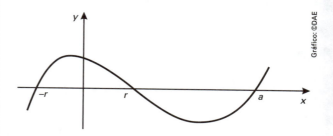

(Figura ilustrativa e sem escalas)

Nessas condições, o valor de a é um número

a) primo.

b) ímpar.

c) múltiplo de 5.

d) divisível por 7.

Vamos considerar as raízes em progressão aritmética. Assim, conforme o gráfico, temos que $(-r, r, a)$ formam uma PA. Como o terceiro termo dessa progressão é o primeiro mais duas vezes a razão, temos que

$$a_3 = a_1 + 2r$$
$$a = -r + 2 \cdot (2r)$$
$$a = 3r$$

Utilizando a soma dos produtos das raízes duas a duas, conforme a segunda relação de Girard, temos:

$$-r \cdot r + r \cdot a + (-r) \cdot a = \frac{-9}{1}$$

$$r^2 = 9 \Rightarrow r = \pm 3$$

Considerando que $a > 0$ e $a = 3r$, concluímos que $a = 9$, portanto, um número ímpar.

EXERCÍCIOS PROPOSTOS

1. (Unicamp-SP) Considere o polinômio cúbico $p(x) = x^3 + x^2 - ax - 3$ onde a é um número real. Sabendo que r e r são raízes reais de $p(x)$, podemos afirmar que $p(1)$ é igual a

a) 3.

b) 1.

c) –2.

d) –4.

2. (PUC-SP) Se 2 é a única raiz da equação $x^3 - 4x^2 + 6x - 4 = 0$, então, relativamente às demais raízes dessa equação, é verdade que são números complexos

a) cujas imagens pertencem ao primeiro e quarto quadrantes do plano complexo.

b) que têm módulos iguais a 2.

c) cujos argumentos principais são 45° e 135°

d) cuja soma é igual a $2i$

3. (UFJF-MG) Sabendo-se que $1 + i$ é uma das raízes do polinômio $p(x) = x^5 - 2x^4 + 2x^3 - x^2 + 2x - 2$, é correto afirmar que:

a) O polinômio não possui raízes reais.

b) O polinômio possui exatamente duas raízes racionais.

c) O polinômio possui exatamente duas raízes distintas.

d) O polinômio possui quatro raízes complexas não reais.

e) O polinômio possui exatamente quatro raízes distintas.

4. (UFU-MG) Considere o polinômio de variável real $p(x) = x^3 - kx + 150$ com k sendo um número natural fixo não nulo.

Se o número complexo $z = 3 + ai$ é uma raiz de $p(x)$ em que a é um número real positivo e i é a unidade imaginária, então o valor do produto $k \cdot a$ é igual a

a) 44.

b) 66.

c) 24.

d) 96.

5. (Uece) O polinômio de menor grau, com coeficientes inteiros, divisível por $2x - 3$, que admite $x = 2i$ como uma das raízes e $P(0) = -12$ é

(Dado: i é o número complexo cujo quadrado é igual a -1.)

a) $P(x) = 2x^3 - 3x^2 - 8x - 12$

b) $P(x) = 2x^3 - 3x^2 + 8x - 12$

c) $P(x) = 2x^3 + 3x^2 - 8x - 12$

d) $P(x) = -2x^3 - 3x^2 + 8x - 12$

6. (PUC-PR) Se $(x - 2)$ é um fator do polinômio $x^3 + kx^2 + 12x - 8$, então, o valor de k é igual a:

a) –3.

b) 2.

c) 3.

d) 6.

e) –6.

7. (PUC-RS) Se $p(x) = ax^3 + bx^2 + cx + d$, onde a, b, c, d são números reais, e sabendo que $p(x)$ é divisível por $x + 1$, podemos afirmar que:

a) $a + c > b + d$

b) $a + c = b + d$

c) $a + c < b + d$

d) $a + b + c + d = 0$

e) $a + b + c + d = 1$

8. (FGV-SP) Se $x^2 - x - 1$ é um dos fatores da fatoração de $mx^3 + nx^2 + 1$, com m e n inteiros, então, $n + m$ é igual a

a) –2.

b) –1.

c) 0.

d) 1.

e) 2.

Caderno de revisão

9. (Cefet-MG) Os polinômios $A(x) = x^2 - 3x + 2$ e $B(x) = x^4 - 2x^3 + kx^2 - 3x - 2$ têm uma única raiz em comum. Os valores possíveis para k são números

a) pares.

b) primos.

c) inversos.

d) ímpares.

e) simétricos.

10. (MACK-SP) Seja $P(x) = 2x^3 - 11x^2 + 17x - 6$ um polinômio do 3º grau e $2x - 1$ um de seus fatores. A média aritmética das raízes de $P(x)$ é

a) $\dfrac{7}{2}$

b) $\dfrac{8}{2}$

c) $\dfrac{9}{2}$

d) $\dfrac{10}{2}$

e) $\dfrac{11}{6}$

11. (FGV-SP) Considere o polinômio $p(x)$ tal que $P\left(\dfrac{x}{3}\right) = x^2 + x + 1$. A soma de todas as raízes da equação $P(3x) = 7$ é igual a

a) $-\dfrac{1}{9}$

b) $-\dfrac{1}{3}$

c) 0

d) $\dfrac{5}{9}$

e) $\dfrac{5}{3}$

12. (UFRGS-RS) Considere o polinômio

$p(x) = x^4 + 2x^3 - 7x^2 - 8x + 12$.

Se $p(2) = 0$ e $p(-2) = 0$, então as raízes do polinômio $p(x)$ são

a) $-2, 0, 1$ e 2.

b) $-2, -1, 2$ e 3.

c) $-2, -1, 1$ e 2.

d) $-2, -1, 0$ e 2.

e) $-3, -2, 1$ e 2.

13. (Unicamp-SP) Considere o polinômio $p(x) = x^3 - x^2 + ax - a$, onde a é um número real. Se $x = 1$ é a única raiz real de $p(x)$, então podemos afirmar que

a) $a < 0$.

b) $a < 1$.

Exercícios   **173**

c) $a > 0$.

d) $a > 1$.

14. (ITA-SP) Considere o polinômio p dado por $p(x) = 2x^3 + ax^2 + bx - 16$, com $a, b \in \mathbb{R}$ Sabendo-se que p admite raiz dupla e que 2 é uma raiz de p, então o valor de $b - a$ é igual a

a) −36.

b) −12.

c) 6.

d) 12.

e) 24.

15. (Uece) Se os números $2 + i$, $2 - i$, $1 + 2i$, $1 - 2i$ e $0,5$ são as raízes da equação $2x^5 + px^4 + 42x^3 - 78x^2 + 80x + q = 0$, então o valor de $p + q + pq$ é

a) 287.

b) 278.

c) 297.

d) 279.

AS CÔNICAS

ELIPSE

ELIPSE E SEUS ELEMENTOS

Elipse é o lugar geométrico dos pontos de um plano, tal que a soma de suas distâncias a dois pontos fixos desse plano, denominados **focos**, é constante e maior que a distância entre eles.

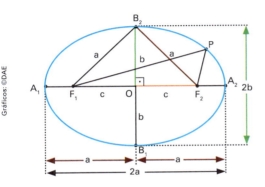

- **Focos** – São os pontos fixos representados por F_1 e F_2.
- **Distância focal** – É a distância entre os dois focos: no desenho corresponde a $F_1F_2 = 2c$.
- **Centro** – É o ponto O, ponto médio do segmento F_1F_2.
- **Eixo maior** – É o segmento A_1A_2, cujo comprimento é $A_1A_2 = 2a$.
- **Eixo menor** – É o segmento B_1B_2, cujo comprimento é $B_1B_2 = 2b$.
- **Excentricidade** – Representada pela letra e, é a razão $e = \dfrac{c}{a}$.

Observações:

1. A elipse possui dois eixos de simetria: eixo maior e eixo menor.
2. A excentricidade da elipse foi apresentada como a razão entre os comprimentos dos semieixos focal e maior, logo, considerando que são medidas positivas, de tal forma que $0 < c < a$, podemos dizer que a excentricidade será um número maior que zero e menor que 1, isto é, $0 < e < 1$.
3. Conforme o valor da excentricidade, podemos afirmar se ela é mais ou menos achatada.
4. Note que, na figura anterior, aparece um triângulo retângulo. Podemos, por meio dele, obter uma relação métrica entre as medidas dos semieixos focal, maior e menor da elipse, isto é:

$$a^2 = b^2 + c^2$$

EQUAÇÃO REDUZIDA DA ELIPSE

A equação $\dfrac{x^2}{a^2} - \dfrac{y^2}{b^2} = 1$ é denominada equação reduzida da elipse com centro na origem do sistema de coordenadas cartesianas e focos no eixo das abscissas.

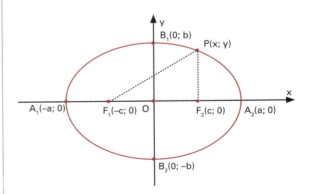

A equação $\dfrac{y^2}{a^2} - \dfrac{x^2}{b^2} = 1$ é denominada equação reduzida da elipse com centro na origem do sistema de coordenadas cartesianas e focos no eixo das ordenadas.

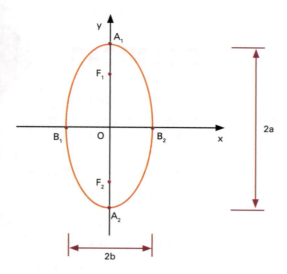

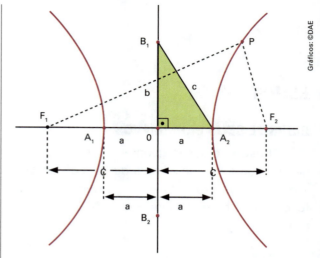

EQUAÇÃO DA ELIPSE COM CENTRO FORA DA ORIGEM

Considerando uma elipse em que o centro é o ponto $C(x_0; y_0)$ e os eixos são paralelos aos eixos coordenados, sendo que o eixo focal é paralelo ao eixo das abscissas, sua equação reduzida é:

$$\frac{(x-x_0)^2}{a^2} - \frac{(y-y_0)^2}{b^2} = 1$$

Considerando uma elipse em que o centro é o ponto $C(x_0; y_0)$ e os eixos são paralelos aos eixos coordenados, sendo que o eixo focal é paralelo ao eixo das ordenadas, sua equação reduzida é:

$$\frac{(y-y_0)^2}{a^2} + \frac{(x-x_0)^2}{b^2} = 1$$

Nas duas equações obtidas, caso façamos $x_0 = y_0 = 0$, teremos a elipse com centro na origem do sistema de coordenadas cartesianas xOy.

HIPÉRBOLE

HIPÉRBOLE E SEUS ELEMENTOS

Hipérbole é o lugar geométrico dos pontos de um plano, tal que a diferença de suas distâncias (em módulo) a dois pontos fixos desse plano, denominados **focos**, é constante e menor que a distância entre os focos.

- **Focos** – São os pontos fixos representados por F_1 e F_2.
- **Distância focal** – É a distância entre os dois focos: no desenho corresponde a $F_1F_2 = 2c$.
- **Centro** – É o ponto O, ponto médio do segmento F_1F_2.
- **Eixo real ou transverso** – É o segmento A_1A_2, cujo comprimento é $A_1A_2 = 2a$.
- **Eixo imaginário ou conjugado** – É o segmento B_1B_2, cujo comprimento é $B_1B_2 = 2b$.
- **Excentricidade** – Representada pela letra e, é a razão $e = \dfrac{c}{a}$.

Observações:

1. Note que, na figura anterior, aparece destacado um triângulo retângulo. Podemos, com base nele, obter uma relação métrica entre as medidas dos semieixos focal, real e imaginário da hipérbole, isto é, $c^2 = a^2 + b^2$.

2. A hipérbole possui dois eixos de simetria: eixos real e imaginário.

3. A excentricidade da hipérbole foi apresentada como a razão entre os comprimentos dos semieixos focal e real, logo, considerando que são medidas positivas, de tal forma que $0 < a < c$, podemos dizer que a excentricidade será um número maior que 1, isto é, $e > 1$.

4. Além dos elementos observados, na construção de uma hipérbole vamos considerar um **retângulo**

referência e suas diagonais, que denominaremos **assíntotas da hipérbole**:

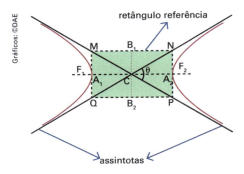

O ângulo θ indicado é chamado de **abertura da hipérbole**. Em relação à abertura da hipérbole, pode ocorrer de o ângulo θ ser reto. Teremos, então, como retângulo de referência, um quadrado. Quando isso ocorrer, a curva correspondente será chamada de **hipérbole equilátera**.

EQUAÇÃO REDUZIDA DA HIPÉRBOLE

Considere a hipérbole com centro no ponto O(0; 0), as extremidades do eixo real nos pontos $A_1(-a; 0)$ e $A_2(a; 0)$, e os focos representados pelos pontos $F_1(-c; 0)$ e $F_2(c; 0)$, conforme a ilustração a seguir.

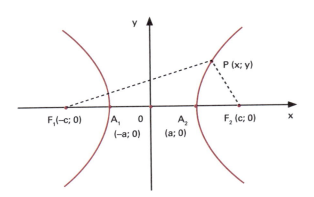

A equação $\dfrac{x^2}{a^2} - \dfrac{y^2}{b^2} = 1$ é denominada equação reduzida da hipérbole com centro na origem do sistema de coordenadas cartesianas e focos no eixo das abscissas.

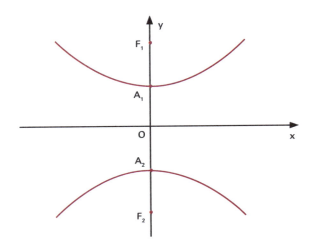

A equação $\dfrac{y^2}{a^2} - \dfrac{x^2}{b^2} = 1$ é denominada equação reduzida da hipérbole com centro na origem do sistema de coordenadas cartesianas e focos no eixo das ordenadas.

EQUAÇÃO DA HIPÉRBOLE COM CENTRO FORA DA ORIGEM

Considerando a hipérbole com centro em $C(x_0, y_0)$ e eixo focal paralelo ao eixo das abscissas, sua equação reduzida é:

$$\frac{(x-x_0)^2}{a^2} - \frac{(y-y_0)^2}{b^2} = 1$$

Considerando a hipérbole com centro em $C(x_0, y_0)$ e eixo focal paralelo ao eixo das ordenadas, sua equação reduzida é:

$$\frac{(y-y_0)^2}{a^2} - \frac{(x-x_0)^2}{b^2} = 1$$

Nas duas equações obtidas, caso façamos $x_0 = y_0 = 0$, teremos a hipérbole com centro na origem do sistema de coordenadas cartesianas xOy.

PARÁBOLA

PARÁBOLA E SEUS ELEMENTOS

Parábola é o lugar geométrico dos pontos de um plano que distam igualmente de uma reta fixa (diretriz) e de um ponto fixo (foco) não pertencente à diretriz.

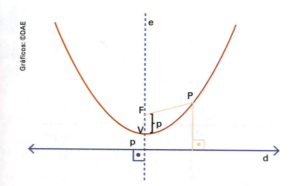

- **Foco** – É o ponto fixo representado por F.
- **Reta diretriz** – É a reta d.
- **Eixo de simetria** – É a reta e que passa pelo foco F, perpendicularmente à diretriz.
- **Vértice** – É o ponto V, intersecção da parábola com o eixo de simetria.
- **Parâmetro** – É a distância $2p$ do foco à diretriz.

Conforme a definição de parábola, se um ponto P pertence à parábola, ele estará situado à mesma distância do foco F e da reta diretriz d. Assim, conforme figura, temos $d_{P,F} = d_{P,d}$.

Como o ponto V (vértice) pertence à parábola, ele está situado à mesma distância do foco e da reta diretriz. Assim, temos $d_{V,F} = d_{V,d} = p$.

EQUAÇÃO REDUZIDA DA PARÁBOLA

- 1º caso – Eixo de simetria no eixo das ordenadas e concavidade voltada para cima.

Considere a parábola com vértice na origem, isto é, V(0; 0), o foco no ponto F(0; p) e a reta diretriz d dada pela equação $y + p = 0$ (p é um número real positivo correspondente à metade do parâmetro).

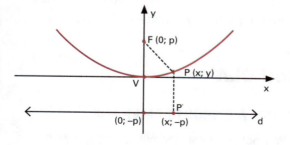

Equação: $y = \dfrac{1}{4p} \cdot x^2$

- 2º caso – Eixo de simetria no eixo das ordenadas e concavidade voltada para baixo.

Considere a parábola com vértice na origem, isto é, V(0; 0), o foco no ponto F(0; $-p$) e a reta diretriz d dada pela equação $y - p = 0$ (p é um número real positivo correspondente à metade do parâmetro).

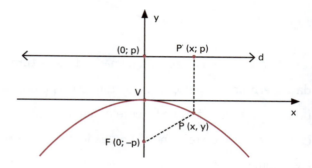

Equação: $y = -\dfrac{1}{4p} \cdot x^2$

- 3º caso – Eixo de simetria no eixo das abscissas e concavidade voltada para a direita.

Considere a parábola com vértice na origem, isto é, V(0; 0), o foco no ponto F(p; 0), e a reta diretriz d dada pela equação $x + p = 0$ (p é um número real positivo correspondente à metade do parâmetro).

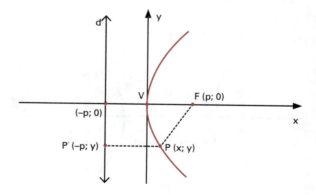

Equação: $x = \dfrac{1}{4p} \cdot y^2$

- 4º caso – Eixo de simetria no eixo das abscissas e concavidade voltada para a esquerda.

Considere a parábola com vértice na origem, isto é, V(0; 0), o foco no ponto F(–p; 0) e a reta diretriz d dada pela equação x – p = 0 (p é um número real positivo correspondente à metade do parâmetro).

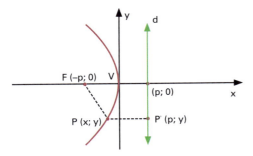

Equação: $x = -\dfrac{1}{4p} \cdot y^2$

EQUAÇÃO DA PARÁBOLA COM VÉRTICE FORA DA ORIGEM

1º caso – O eixo de simetria paralelo ao eixo y, vértice no ponto $V(x_0; y_0)$ e concavidade para cima

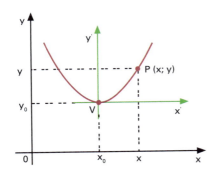

Equação: $y - y_0 = \dfrac{1}{4p} \cdot (x - x_0)^2$

- 2º caso – O eixo de simetria paralelo ao eixo y, vértice no ponto $V(x_0; y_0)$ e concavidade para baixo.

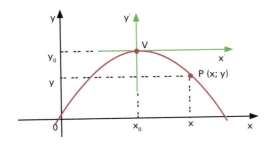

Equação: $y - y_0 = -\dfrac{1}{4p} \cdot (x - x_0)^2$

- 3º caso – O eixo de simetria paralelo ao eixo x, vértice no ponto $V(x_0; y_0)$ e concavidade para a direita.

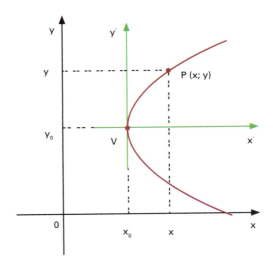

Equação: $x - x_0 = \dfrac{1}{4p} \cdot (y - y_0)^2$

4º caso – O eixo de simetria paralelo ao eixo x, vértice no ponto $V(x_0; y_0)$ e concavidade para a esquerda.

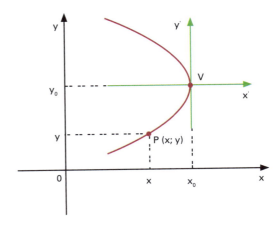

Equação: $x - x_0 = -\dfrac{1}{4p} \cdot (y - y_0)^2$

Exercícios

EXERCÍCIOS RESOLVIDOS

1. Represente no plano cartesiano a cônica correspondente à equação

$$16x^2 + 9y^2 - 160x - 90y + 481 = 0.$$

Utilizando o procedimento de completar trinômios quadrados perfeitos, vamos escrever a equação reduzida dessa cônica:

$16x^2 + 9y^2 - 160x - 90y + 481 = 0$
$16x^2 - 160x + 9y^2 - 90y + 481 = 0$
$16(x^2 - 10x) + 9(y^2 - 10y) + 481 = 0$
$16(x^2 - 10x + 25 - 25) + 9(y^2 - 10y + 25 - 25) + 481 = 0$
$16(x - 5)^2 - 16 \cdot 25 + 9(y - 5)^2 - 9 \cdot 25 + 481 = 0$
$16(x - 5)^2 + 9(y - 5)^2 = 144$
$\downarrow \div 144$
$\dfrac{(x-5)^2}{9} + \dfrac{(y-5)^2}{16} = 1$

A cônica representa uma elipse de centro no ponto (5,5). Além disso, pela equação apresentada, temos as medidas do eixo maior e do eixo menor, respectivamente:

$$a^2 = 16 \to 2a = 8$$
$$b^2 = 9 \to 2b = 6$$

Esboçando no plano cartesiano, vem:

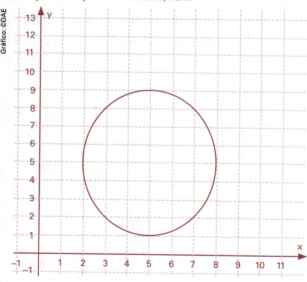

2. Em relação à elipse anterior, obtenha a excentricidade.

A excentricidade da elipse é o valor correspondente ao quociente entre a medida do semieixo focal e o semieixo maior. Assim, precisamos determinar o valor de c. Utilizando a relação métrica:

$$a^2 = b^2 + c^2$$
$$4^2 = 3^2 + c^2$$
$$16 - 9 = c^2$$
$$c = \sqrt{7}$$

Cálculo da excentricidade

$$e = \dfrac{c}{a}$$
$$e = \dfrac{\sqrt{7}}{4}$$

3. Determine a distância entre o vértice e o foco da parábola de equação $2x^2 - 4x - 4y + 3 = 0$.

Inicialmente vamos escrever a equação da parábola na sua forma reduzida:

$2x^2 - 4x - 4y + 3 = 0$
$2(x^2 - 2x) - 4y + 3 = 0$
$2(x^2 - 2x + 1 - 1) - 4y + 3 = 0$
$2(x - 1)^2 - 2 - 4y + 3 = 0$
$2(x - 1)^2 = 4y - 1$
$2(x - 1)^2 = 4\left(y - \dfrac{1}{4}\right)$
$\dfrac{1}{2}(x - 1)^2 = y - \dfrac{1}{4} \to V\left(1, \dfrac{1}{4}\right)$

Determinamos a partir da equação o parâmetro da parábola, observando que sua concavidade é voltada para cima. Assim, a abscissa do foco é a mesma abscissa do vértice e a ordenada é a ordenada do vértice com o acréscimo da metade do parâmetro 2p da parábola.

$$\dfrac{1}{4p} = \dfrac{1}{2}$$
$$4p = 2$$
$$p = \dfrac{1}{2} \Rightarrow F\left(1; \dfrac{1}{4} + \dfrac{1}{2}\right) \Rightarrow F\left(1; \dfrac{3}{4}\right)$$

Cálculo da distância

$$d_{V,F} = \sqrt{(1-1)^2 + \left(\dfrac{3}{4} - \dfrac{1}{4}\right)^2}$$

$$d_{V,F} = \dfrac{1}{2}$$

Observe que a distância seria apenas o módulo da diferença entre as ordenadas do vértice e do foco da parábola.

4. Identifique a cônica representada pela equação
$x^2 - 4y^2 + 8x - 32y + 52 = 0$

Utilizando o procedimento de completar quadrados, vamos escrever a equação reduzida dessa cônica:

$$x^2 - 4y^2 + 8x - 32y + 52 = 0$$
$$x^2 + 8x + 16 - 16 - 4(y^2 + 8y + 16 - 16) + 52 = 0$$
$$(x+4)^2 - 16 - 4(y+4)^2 + 64 + 52 = 0$$
$$(x+4)^2 - 4(y+4)^2 = -100$$
$$\downarrow \div (-100)$$
$$\frac{(y+4)^2}{25} - \frac{(x+4)^2}{100} = 1$$

Observando a equação reduzida, podemos afirmar que a cônica é uma hipérbole de centro no ponto $(-4, -4)$, eixo focal paralelo ao eixo das ordenadas.

▶ EXERCÍCIOS PROPOSTOS

1. (IME-RJ) Determine o produto dos valores máximo e mínimo de y que satisfazem às inequações dadas para algum valor de x.

$$2x^2 - 12x + 10 \le 5y \le 10 - 2x$$

a) $-3,2$

b) $-1,6$

c) 0

d) $1,6$

e) $3,2$

2. (Unifor-CE) Uma bola é jogada dentro de uma cesta cuja superfície é obtida girando a parábola $y = x^2$ em torno do eixo y. O centro da bola ocupa um ponto de altura $y = 3$. O raio da bola é:

a) $\sqrt{11}$

b) $\dfrac{\sqrt{11}}{2}$

c) $\dfrac{\sqrt{11}}{3}$

d) $\dfrac{\sqrt{11}}{4}$

e) $\dfrac{\sqrt{11}}{5}$

3. (FGV-SP) No plano cartesiano, há dois pontos R e S pertencentes à parábola de equação $y = x^2$, e que estão alinhados com os pontos $A(0,3)$ e $B(4,0)$. A soma das abscissas dos pontos R e S é:

a) $-0,45$

b) $-0,55$

c) $-0,65$

d) $-0,75$

e) $-0,85$

4. (Uema) Uma família da cidade de Cajapió-MA comprou uma antena parabólica e o técnico a instalou acima do telhado. A antena projetou uma sombra na parede do vizinho, que está reproduzida abaixo, coberta com uma folha quadriculada.

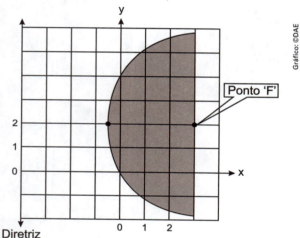

Note que a figura projetada na parede é uma cônica. Considerando as medidas mostradas e o sistema cartesiano contido na folha quadriculada, a equação que representa a cônica será

a) $(y-2)^2 = 7(2x+1)$.

b) $(y+2)^2 = 7(2x+1)$.

c) $(y-3)^2 = 12(x+1)$.

d) $(y-2)^2 = -7\left(2x - \dfrac{1}{7}\right)$.

e) $(y+3)^2 = \dfrac{12}{7}(x-1)$.

5. (EsPCEx-SP) Sobre a curva
$9x^2 + 25y^2 - 36x + 50y - 164 = 0$,
assinale a alternativa correta.

a) Seu centro é $(-2, 1)$.

b) A medida do seu eixo maior é 25.

c) A medida do seu eixo menor é 9.

d) A distância focal é 4.

e) Sua excentricidade é 0,8.

6. (Esc. Naval-RJ) A equação
$4x^2 - y^2 - 32x + 8y + 52 = 0$ no plano xy, representa

a) duas retas

b) uma circunferência

c) uma elipse

d) uma hipérbole

e) uma parábola

7. (FGV-SP) Sendo m o maior valor real que x pode assumir na equação analítica $(x - 2)^2 + 4(y + 5)^2 = 36$, e n o maior valor real que y pode assumir nessa mesma equação, então, $m + n$ é igual a

a) 8
b) 7
c) 6
d) 4
e) 3

8. (Udesc) A área delimitada por uma elipse cuja equação é $\dfrac{x^2}{a^2} + \dfrac{y^2}{b^2} = 1$ é dada por $A = ab\pi$. Então, a área da região situada entre as elipses de equações $16x^2 + 25y^2 = 400$ e $16x^2 + 9y^2 = 144$ é:

a) 12π u.a.
b) 20π u.a.
c) 8π u.a.
d) 256π u.a.
e) π u.a.

9. (AFA-SP) Sobre a circunferência de menor raio possível que circunscreve a elipse de equação $x^2 + 9y^2 - 8x - 54y + 88 = 0$ é correto afirmar que

a) tem raio igual a 1.
b) tangencia o eixo das abscissas.
c) é secante ao eixo das ordenadas.
d) intercepta a reta de equação $4x - y = 0$.

10. (UFRN) Um arquiteto projetou, para um salão de dimensões 22 m por 18 m, um teto de gesso em formato de elipse com o eixo maior medindo 20 m e o eixo menor 16 m, conforme ilustra a figura abaixo.

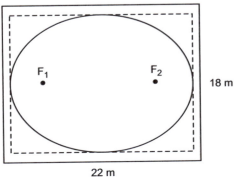

O aplicador do gesso afirmou que saberia desenhar a elipse, desde que o arquiteto informasse as posições dos focos.

Para orientar o aplicador do gesso, o arquiteto informou que, na direção do eixo maior, a distância entre cada foco e a parede mais próxima é de

a) 3 m
b) 4 m
c) 5 m
d) 6 m

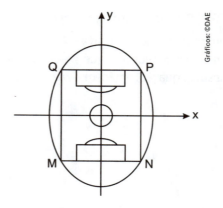

Assim, a distância entre as retas MN e PQ é

a) 48 m
b) 68 m
c) 84 m
d) 92 m
e) 96 m

11. (EsPCEx-SP) Num estádio de futebol em forma de elipse, o gramado é o retângulo MNPQ, inscrito na cônica, conforme mostra a figura. Escolhendo o sistema de coordenadas cartesianas indicado e tomando o metro como unidade, a elipse é descrita pela equação $\dfrac{x^2}{36^2} + \dfrac{y^2}{60^2} = 1$. Sabe-se também que os focos da elipse estão situados em lados do retângulo MNPQ.

12. (UEL-PR) Considere o círculo $x^2 + y^2 - r^2 = 0$ de raio r e a hipérbole $x^2 - y^2 = 1$.

Nesse caso, pode-se afirmar que:

a) Se $r < 1$, então as curvas se intersectam em quatro pontos.

b) Se r = 1, então as curvas têm quatro pontos em comum.

c) Se r = 1, as curvas se intersectam em (0,1) e (0, −1).

d) Se r = $\sqrt{17}$, então as curvas se intersectam apenas nos pontos (3, 2$\sqrt{2}$) e (−3, −2$\sqrt{2}$).

e) Se r > $\sqrt{17}$, então as curvas se intersectam em quatro pontos.

a) $100\sqrt{3}$
b) $25\sqrt{3}$
c) $50\sqrt{3}$
d) $40\sqrt{3}$
e) $30\sqrt{3}$

13. (UEPB) Deseja-se construir uma praça em forma de elipse em um terreno retangular de dimensões x metros e y metros, com x > y de perímetro 300 m e área 5 000 m², conforme nos mostra a figura.

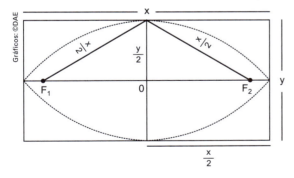

Estando previstas as instalações de duas torres de iluminação, uma em cada foco da elipse, F_1 e F_2, local de melhor distribuição e aproveitamento das mesmas, concluímos que a distância em metros entre as torres é

14. (UFPB) A secretaria de infraestrutura de um município contratou um arquiteto para fazer o projeto de uma praça. Na figura a seguir, está o esboço do projeto proposto pelo arquiteto: uma praça em formato retangular medindo 80 m × 120 m, onde deverá ser construído um jardim em forma de elipse na parte central.

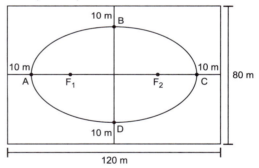

Estão destacados na figura os segmentos AC e BD que são, respectivamente, o eixo maior e o menor da elipse, bem como os pontos F_1 e F_2, que são os focos da elipse onde deverão ser colocados dois postes de iluminação.

Com base nessas informações, conclui-se que a distância entre os postes de iluminação será, aproximadamente, de:

a) 68 m
b) 72 m
c) 76 m
d) 80 m
e) 84 m

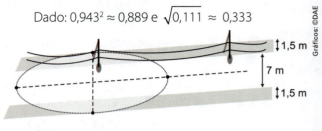

Dado: $0{,}943^2 \approx 0{,}889$ e $\sqrt{0{,}111} \approx 0{,}333$

a) 35
b) 30
c) 25
d) 20
e) 15

15. (Unesp-SP) A figura mostra a representação de algumas das ruas de nossas cidades. Essas ruas possuem calçadas de 1,5 m de largura, separadas por uma pista de 7 m de largura. Vamos admitir que:

I. os postes de iluminação projetam sobre a rua uma área iluminada na forma de uma elipse de excentricidade 0,943;

II. o centro dessa elipse encontra-se verticalmente abaixo da lâmpada, no meio da rua;

III. o eixo menor da elipse, perpendicular à calçada, tem exatamente a largura da rua (calçadas e pista).

Se desejarmos que as elipses de luz se tangenciem nas extremidades dos eixos maiores, a distância, em metros, entre dois postes consecutivos deverá ser de aproximadamente:

Gabarito

NÚMEROS E CONJUNTOS

1. e.
2. d.
3. d.
4. c.
5. e.
6. a.
7. a.
8. d.
9. c.
10. e.
11. d.
12. b.
13. c.
14. b.
15. a.

TÓPICOS DE GEOMETRIA PLANA

1. b.
2. a.
3. a.
4. e.
5. c.
6. a.
7. a.
8. c.
9. b.
10. d.
11. a.
12. b.
13. d.
14. c.
15. b.

FUNÇÕES

1. a.
2. b.
3. d.
4. b.
5. c.
6. d.
7. b.
8. b.
9. d.
10. d.
11. a.
12. b.
13. b.
14. a.
15. c.

TRIGONOMETRIA NO TRIÂNGULO

1. b.
2. a.
3. a.
4. b.
5. b.

6. d.

7. b.

8.
$$\frac{x}{\operatorname{sen} 2\beta} = \frac{y}{\operatorname{sen}\beta}$$
$$\downarrow \operatorname{sen} 2\beta = 2\operatorname{sen}\beta \cos\beta$$
$$\frac{x}{y} = \frac{2\operatorname{sen}\beta \cos\beta}{\operatorname{sen}\beta}$$
$$\frac{x}{y} = 2\cos\beta$$

9. e.

10. b.

11. b.

12. b.

13. d.

14. c.

15. a.

FUNÇÕES EXPONENCIAIS

1. a.

2. a.

3. b.

4. b.

5. c.

6. d.

7. d.

8. b.

9. d.

10. c.

11. b.

12. a.

13. e.

14. d.

15. b.

SEQUÊNCIAS NUMÉRICAS

1. c.

2. c.

3. b.

4. b.

5. e.

6. d.

7. d.

8. b.

9. c.

10. b.

11. c.

12. c.

13. c.

14. a.

15. b.

MATEMÁTICA FINANCEIRA

1. b.

2. c.

3. d.

4. A diferença é de R$ 0,80.

5. d.

6. c.

7. e.

8. 02.

9. O valor que o terreno deve ser vendido é de R$ 160 000,00.

10. a.

11. d.

12. c.

13. e.

14. a.

15. a.

TRIGONOMETRIA

1. a) 60º

b) $\dfrac{\sqrt{7}}{3}$

2. a) $h = \dfrac{5 + 3\sqrt{3}}{4}$

b) $h = 2,7$ m

3. b.

4. c.

5. a.

6. a) 60º

b) 45º

c) $\dfrac{\sqrt{2} + \sqrt{6}}{4}$

7. b.

8. c.

9. d.

10. a) $\dfrac{2}{3}$

b) $\dfrac{7}{9}$

11. a.

12. e.

13. b.

14. c.

15. d.

MATRIZES, DETERMINANTES E SISTEMAS LINEARES

1. e.

2. a.

3. b.

4. e.

5. c.

6. b.

7. d.

8. b.

9. a.

10. b.

11. a.

12. a.

13. e.

14. b.

15. e.

GEOMETRIA ESPACIAL

1. c.

2. a.

3. a)
$$r = \frac{1 \pm \sqrt{5}}{2} \Rightarrow \begin{cases} r = \dfrac{1 - \sqrt{5}}{2} \text{ (não convém, } r > 0) \\ r = \dfrac{1 + \sqrt{5}}{2} \end{cases}$$

b) 50 cm²

4. c.

5. c.

6. d.

7. b.

8. d.

9. a.

10. c.

11. c.

12. c.

13. c.

14. 128 dm³.

15. c.

ANÁLISE COMBINATÓRIA

1. b.

2. $35 \cdot 26^4 \cdot 10^3$

3. a.

4. e.

5. b.

6. a.

7. d.

8. b.

9. d.

10. d.

11. c.

12. c.

13. b.

14. Vamos analisar a veracidade de cada uma das afirmações

[01] Falsa

Existem $5! = 120$ maneiras distintas de escolha das rotas.

[02] Falsa

O número de rotas será dado por: $3 \cdot 2 \cdot 1 \cdot 2 \cdot 1 = 12$.

[04] Verdadeira

O número de rotas será dado por $1 \cdot 3 \cdot 2 \cdot 1 \cdot 1 = 6$.

[08] Verdadeira

O número de rotas será dado por $4 \cdot 3 \cdot 2 \cdot 1 \cdot 2 = 48$.

[16] Falsa.

O número de rotas será dado por $3 \cdot 2 \cdot 1 \cdot 3 \cdot 2 \cdot 1 = 36$.

15. c.

PROBABILIDADE E ESTATÍSTICA

1. c.

2. e.

3. b.

4. d.

5. b.

6. a.

7. a) 24

   b) $\dfrac{1}{5}$

   c) $1 - P = 1 - \dfrac{35}{46} = \dfrac{11}{46}$

8. a.

9. c.

10. e.

11. $k = 15$.

12. a.

13. b.

14. c.

15. a.

ESTATÍSTICA E PROBABILIDADE

1. d.
2. 75 km/h
3. b.
4. b.
5. d.
6. a) $(a, b, c, d) \in \{(0, 2, 1, 0), (1, 0, 2, 0), (2, 0, 0, 1), (3, 1, 0, 0)\}$.

   b) $0,1 \cdot 1000 \cdot 53 + 0,4 \cdot 1000 \cdot 86 + 0,2 \cdot 1000 \cdot 128 + 0,2 \cdot 1000 \cdot 128 + 0,3 \cdot 1000 \cdot 192$
   $= 5\,300 + 34\,400 + 25\,600 + 57\,600 =$
   $= 122.900$
7. a.
8. e.
9. 04.
10. a.
11. e.
12. c.
13. c.
14. e.
15. c.

GEOMETRIA ANALÍTICA

1. a) $A\hat{B}C = 60°$.

   b) $A = \dfrac{(2\sqrt{3})^2 \cdot \sqrt{3}}{4}$
   $A = 3\sqrt{3}$ u.a.
2. c.
3. a) $y - 35 = \dfrac{55 - 35}{14 - 12}(x - 12)$
   $y = 10x - 85$

   b) $y = 10 \cdot 20 - 85$
   $y = 115$

4. b.
5. a)

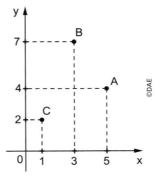

   b) $d(B, C) = \sqrt{29} \Rightarrow \sqrt{29}$ m

   c) 8 m²
6. $S = 28\,900 \cdot 38,5$
   $S = 1\,112\,650$ km²
7. d.
8. d.
9. c.
10. e.
11. c.
12. b.
13. c.
14. c.
15. c.

GEOMETRIA ESPACIAL

1. c.
2. a.
3. c.
4. d.
5. a.
6. b.
7. b.

8. b.

9. e.

10. c.

11. a.

12. b.

13. a.

14. b.

15. e.

16. d.

NÚMEROS COMPLEXOS

1. d.

2. d.

3. b.

4. a.

5. a.

6. b.

7. a.

8. d.

9. d.

10. a.

11. a.

12. d.

13. a.

14. c.

15. e.

POLINÔMIOS E EQUAÇÕES ALGÉBRICAS

1. d.

2. a.

3. d.

4. a.

5. b.

6. e.

7. b.

8. b.

9. a.

10. e.

11. a.

12. e.

13. c.

14. b.

15. a.

AS CÔNICAS

1. a.

2. b.

3. d.

4. a.

5. e.

6. d.

7. c.

8. c.

9. b.

10. c.

11. e.

12. e.

13. c.

14. d.

15. b.